Thomas Schmidt
Hamburgs Vogelwelt entdecken

W0053227

Für Marlena, Viktor und Magdalena

Thomas Schmidt

Hamburgs Vogelwelt entdecken

Zehn Spaziergänge zu den Lebensräumen

Unter Mitarbeit von Robert Wohlleben

CONVENT VERLAG

Fotonachweis:
K. Bogon/WILDLIFE: S. 85 unten
Delpho/WILDLIFE: S. 15, 46 unten
de Francisco/WILDLIFE: S. 13 unten, 29 unten, 78 oben
M. Hamblin/WILDLIFE: S. 14, 30 unten, 38 oben, 45, 61 oben, 62 oben, 86 oben
D. Harms/WILDLIFE: S. 13 oben, 38 unten
M. Lane/WILDLIFE: S. 22 unten, 37 unten, 54 oben + unten, 61 unten, 70 oben,
85 oben, 86 unten
Muller/WILDLIFE: S. 44
Thomas Schmidt: S. 8, 16, 24, 32, 40, 48, 56, 64, 72, 80
H. Schweiger/WILDLIFE: S. 69 oben
Juan M. Simon/WILDLIFE: S. 77 unten
D. Usher/WILDLIFE: S. 21 oben + unten, 30 oben, 46 oben
J. Weber/WILDFILE: S. 62 unten
R. Wilmshurst/WILDLIFE: S. 69 unten, 70 unten, 77 oben, 78 unten
Konrad Wothe/IBIS: S. 53 unten
Bernd Zoller/WILDLIFE: S. 22 oben, 29 oben, 37 oben, 53 oben

© 2002 Convent Verlag GmbH, Hamburg
Umschlaggestaltung: Peter Albers
Satz und Reproduktionen: KCS GmbH, Buchholz/Hamburg
Druck und Bindung: Druckerei zu Altenburg GmbH, Altenburg
ISBN 3-934613-33-0

Inhalt

Hamburg ist besonders grün, was sich bereits an der Gesamtfläche seiner insgesamt 27 Naturschutzgebiete zeigt: rund 6 Prozent des Stadtareals. Damit liegt Hamburg bundesweit an der Spitze. Das wissen auch Amsel, Drossel, Fink und Star. Rund 160 Vogelarten brüten in der Elbmetropole. Darunter Allerweltsarten wie Kohlmeise und Haussperling, aber auch Seltenheiten wie Pirol und Neuntöter. Wesentlicher Grund für die hohe Artenzahl ist die Vielfalt der Biotope. Besonders bunt ist das Vogelleben natürlich in den Naturschutzgebieten. So brüten im Duvenstedter Brook etwa 90 Vogelarten. Der scheue Kranich ebenso wie die musikalische Nachtigall oder der schillernd blaue Eisvogel. Aber auch in Parks, Gärten und begrünten Wohnvierteln sind viele Vögel zu Hause. Im Stadtpark nisten fast 50 Arten, und in den innenstadtnahen Wallanlagen sind es noch etwas über 30. Selbst in der dicht und hoch bebauten City und in öden Gewerbegebieten lassen sich noch ornithologische Beobachtungen machen.

Unsere gefiederten Nachbarn wissen sich in der Stadt zu behaupten. Auf dem kiesbedeckten Flachdach im Elbe-Einkaufszentrum brütet ein Austernfischer, Hausrotschwänze nisten zwischen Containern im Hamburger Hafen. Besonders findig war ein Elsternpaar: Es baute sich vor einigen Jahren sein Nest in der Takelage einer kleinen nachgebildeten Hansekogge, die den Giebel eines Geschäftshauses in der Mönckebergstraße verziert. Sehr anpassungsfähig und deshalb auch weit fortgeschritten im Prozess der Verstädterung ist die Amsel. Sie bringt es in Hamburg auf rund 70.000 Brutreviere, fast doppelt so viele wie die an zweiter Stelle folgende Kohlmeise. Wenn es um Nistplätze geht, ist sie nicht wählerisch. Als ehemaliger Waldvogel brütet sie natürlich am liebsten in Bäumen oder kleinen Sträuchern. Sie weiß aber auch ihren Nachwuchs im dichten Efeu an einer Hauswand, im Blumenkasten auf dem Balkon einer Etagenwohnung oder in einem verrosteten Eimer aufzuziehen.

Die Vogelwelt in der Stadt bleibt nicht permanent gleich. Noch vor gut hundert Jahren war die heute so häufige Amsel in Hamburg kaum anzutreffen. Eine andere Entwicklung zeigt sich bei der Haubenlerche, etwa zur gleichen Zeit wie die Amsel in die Stadt eingewandert. In den ersten Jahren nach dem Zweiten Weltkrieg nahm der Bestand deutlich zu, weil der Steppenvogel auf den ausgedehnten Trümmerflächen passenden Ersatzlebensraum fand. Ende des 20. Jahrhunderts war die Zahl der Brutpaare auf nur fünf zurückgegangen. Über den Gimpel stellte Günter Timmermann in seinem 1953 erschienenen Büchlein »Die Vogelwelt des Hamburger Wandergebietes« fest, dass er »im ganzen nicht häufig« sei. Der im Jahr 2001 veröffentlichte »Brutvogel-Atlas Hamburg« des Arbeitskreises an der Staatlichen Vogelschutzwarte Hamburg dagegen verzeichnet nicht weniger als 4100 Brutreviere und prognostiziert eine weitere Zunahme.

Der vorliegende ornithologische Wanderführer stellt zehn ausgewählte Biotope vor. Sie sind über ganz Hamburg verteilt und im Allgemeinen gut zu erreichen. Die verschiedenen Wege erfordern alle keine sportlichen Höchstleistungen. Außer vier Naturschutzgebieten am Stadtrand und vier städtischen Parkanlagen sind auch der Elb- und der Alsterwanderweg dabei. Die an sich vogelkundlich sehr interessante Reit mit ihrer Beringungsstation blieb unberücksichtigt, denn spontane Spaziergänge würden die Beringungsarbeit stören. Es lag nahe, die Beobachtungen auf Frühling und Frühsommer einzugrenzen, weil die Vögel in der Brutperiode besonders sangesfreudig sind. Ausnahme ist der Winterspaziergang am Öjendorfer See, wo uns die winterliche Vogelwelt interessiert. Jeweils vier Vogelarten sind näher beschrieben, wobei neben häufiger vorkommenden auch seltenere berücksichtigt sind.

Gerade die Vögel ermöglichen uns Großstädtern einen der leider immer seltener werdenden Kontakte zur Natur. Sie lassen uns das hektische Getriebe leichter ertragen, denn sie sind fast überall zu beobachten und erinnern immer wieder daran, dass die Stadt nicht uns allein gehört. Die frechen Spatzen, die im Straßencafé Kuchenkrümel vom Teller stibitzen, sind ein Grund zum Schmunzeln. Watschelt eine Entenfamilie im Gänsemarsch über eine viel befahrene Straße, treten wir bereitwillig auf die Bremse. Und wenn eine Amsel den Morgen begrüßt, mag sich der eine gestört fühlen, ein anderer sich aber gern von den kunstvollen Melodien wecken lassen. Die Vogelbeobachtung – besonders das Hören der Laute und Gesänge – bereitet vielen Menschen Freude. Man nennt die Vogelkunde deshalb auch eine »scientia amabilis«, also eine liebenswerte Wissenschaft.

Wallanlagen und City

Um 1800 herum konnten sich die Enten auf dem Stadtgraben über üppige Fütterung freuen, wenn Hamburger Bürger ihr in Altona gekauftes billiges Brot nicht unentdeckt durch die Hamburger Zollkontrolle bekamen. Sie warfen es dann lieber ins Wasser, als die Akzise zu zahlen. Kurz vor dem Dreißigjährigen Krieg hatte die Stadt den holländischen Festungsbaumeister Johann van Valckenburgh beauftragt, neue Befestigungen anzulegen. Der heutige Straßenzug vom Klosterwall über die Esplanade bis zum Holstenwall folgt dem schon lange nicht mehr existenten Stadtwall. Bereits vor der Mitte des 19. Jahrhunderts begann man, dem Verlauf der Wälle entlang Parkanlagen zu schaffen, aus denen schließlich der Grünzug mit Planten un Blomen, dem Alten Botanischen Garten und den Wallanlagen hervorging. Von den alten Befestigungsanlagen ist heute nur noch der große Teich beim Stephansplatz übrig, andere Reste des alten Stadtgrabens wurden 1946/47 mit Trümmerschutt zugeschüttet.

*Die zentral gelegenen Wallanlagen mit
Haupteingängen unweit der U-Bahn-Station St. Pauli und beim Stephansplatz sind
gut mit öffentlichen Verkehrsmitteln zu
erreichen.*

Gefiederte Städter

Mit den Wallanlagen haben sich die Hamburger ein Stück Natur in die Stadt geholt.
Schon 1821 wurde in Dammtornähe ein bo-
tanischer Garten angelegt, 1863 richtete
man daneben einen zoologischen Garten
ein, in den Anfangsjahren vom berühmten
Alfred Brehm geleitet. Der Zoo bestand bis
1930. Der Alte Botanische Garten hat seine
Funktion 1979 an den neuen in Klein Flottbek abgegeben und ist jetzt Parkanlage.
Exotische Tier- und Pflanzenwelt ist also
nicht mehr anzutreffen, abgesehen von dem
einen oder anderen Baum oder Strauch. An
Attraktivität hat der durch mehrere Garten-
bau-Ausstellungen immer wieder umgestal-
tete Grünzug zwischen Millerntor und Dammtor jedoch nicht
verloren. Alter Parkbaumbestand mischt sich mit abwechslungsreichen neueren Anpflanzungen – eine schöne Umgebung für vielfältige Freizeitangebote, wie Eisbahn, Kindertheater, Cafés und
Spielplatz. Vom Gorch-Fock- und vom Holstenwall her rauscht der
Verkehr, was aber eine Reihe von Vögeln nicht davon abhält, sich
in den Wallanlagen ihr Brutrevier zu suchen. Gut 30 Vogelarten
wurden gezählt. Außer etwa Amsel, Buchfink, Kohl- und Blaumeise nisten hier sogar Kernbeißer und Grauschnäpper. Wo am Stephansplatz der Park endet und die Innenstadt beginnt, ist es mit
der Vielfalt der Vogelwelt vorbei. Auf dem Weg zum Rathausmarkt
halten die stadttypischen Tauben, Spatzen und Mauersegler die
Stellung, gelegentlich ein Hausrotschwanz und in den Alsterarkaden überraschenderweise eine kleine Mehlschwalben-Kolonie.
Ecke Glacischaussee/Millerntordamm ist der Südeingang zu den
Großen Wallanlagen. Bismarck-Denkmal und Michel grüßen herüber und erinnern daran, dass wir uns mitten in Hamburg befin-

den. Der Lärm der abendlichen Rush-hour im Juni ist unüberhörbar, doch angenehmere Töne lenken uns davon ab: Eine Amsel flötet ihr Abendlied, Grünfinken trillern und lassen an Kanarienvögel denken, an einem der Parkbäume trommelt ein Buntspecht. Der Weg führt an einem langgezogenen Teich mit zumeist befestigtem Ufer entlang. Auf dem Wasser Stockenten und Blässhühner. Auf einer Rasenfläche stochern einige Schwarzröcke emsig nach Essbarem: Amseln, Stare und Rabenkrähen. Ein paar Stadttauben und eine Silbermöwe haben sich dazugesellt. Aus der Richtung des Museums für Hamburgische Geschichte meldet sich unverkennbar ein **Zilpzalp**. Obwohl wir gar nicht ins Museum wollen, gehen wir über die kleine Brücke, um in seine Nähe zu kommen. Im Gezweig einer riesigen alten Trauerweide ist er rastlos damit beschäftigt, Blätter, Zweige und Baumrinde nach Insekten, deren Larven, Spinnen und kleinen Schnecken abzusuchen. Zwischendurch immer wieder sein unermüdlich wiederholtes »zilp zalp zilp zalp zilp zalp«. Sein wissenschaftlicher Name, Phylloscopus collybita, enthält das lateinische Wort für den Geldwechsler, denn man meinte, den Klang von Münzen herauszuhören, die beim Abzählen auf andere Münzen fallen. Der Weidenlaubsänger, wie er auch genannt wird, war ursprünglich Waldvogel, weiß aber schon längst städtische Areale, wie Gärten, Parks und Friedhöfe, zu schätzen.

Zurück auf unserem Weg, spazieren wir weiter durch das Parkgelände. Die Vielfalt der Baumarten ist auffallend. Leicht zu erkennen sind etwa Kastanie, Eiche, Buche, Platane und Ahorn, um nur einige zu nennen. Hier und da ist die Identität der Bäume nicht auf den ersten Blick klar. Dort haben wir es vielleicht mit exotischen Parkbäumen, wie Götterbaum oder Trompetenbaum, zu tun. Irgendwo rechts von uns tummeln sich Inline-Skater und Rollschuhläufer auf der Rollschuhbahn, die sich im Winterhalbjahr in eine Kunsteisbahn verwandelt. Am Rand des Spielplatzes, den wir nun erreichen, stehen einige Nadelbäume. Auf der Spitze einer Kiefer sitzt ein kleiner Vogel, den wir durch das Glas näher in Augenschein nehmen. Er sieht fast wie ein Spatzenweibchen aus, wozu allerdings der dünne, spitze Insektenfresser-Schnabel und der graue Kopf nicht so recht passen. Nun fängt er mit weit aufgerissenem Schnabel an zu zwitschern: kurze, wenig modulierte Strophen von hellen Trillern. Es ist eine **Heckenbraunelle**, die graue Maus unter den Stadtvögeln. Bei ihrem Gesang fühlt sich manch

einer an das Quietschen einer Tür erinnert. Die Braunelle auf der
Baumspitze verstummt plötzlich, stürzt senkrecht abwärts und
sucht Deckung in einem nahen Gebüsch. Vielleicht huscht sie jetzt
am Boden umher und sucht nach Insekten und Spinnen. Sollte
sie im Winter hier bleiben, wird sie sich an Sämereien, wie etwa Samen von Erle, Birke und »Unkräutern«, halten. Wie der Zilpzalp ist
auch die Heckenbraunelle ursprünglich ein Waldvogel.

Als wir die Ecke des Ziviljustizgebäudes umrunden, ist von weitem
der melancholische Ruf eines Gimpels zu hören. Zwischen den
beiden zum Sievekingplatz gehörigen Straßen, die wir unterque-
ren, präsentiert sich inmitten von Blumen groß und breit ein Vogel
ganz anderer Art: ein mit Hilfe von Maschendraht aus Erde geform-
ter und buntscheckig bepflanzter Pfau. Vor uns nun die Kleinen
Wallanlagen mit langgezogener Liegewiese am Wasser. In einem
Feuerdornbusch vor der Begrenzungsmauer zum Untersuchungs-
gefängnis hin ist jetzt tatsächlich ein **Gimpel** zu sehen, ein Männchen mit leuchtend roter Brust, das leise vor sich hin singt. Wegen
der schwarzen Kappe und vielleicht wegen seines behäbigen We-
sens verfiel man darauf, den ursprünglich in Wäldern beheimate-
ten Vogel auch Dompfaff zu nennen. Früher waren Dompfaffen,
denen man durch Vorpfeifen einfache Melodien beigebracht hatte, beliebte und teuer gehandelte Stubenvögel. Wir pfeifen dem
Sänger zum Abschied sein kurzes »diü« zu und gehen weiter, unter der Jungiusstraße hindurch und in den Alten Botanischen Garten hinein. Der Weg führt am großen Teich entlang, der die Anla-
ge dominiert. Unter den Erlen und Weiden in Ufernähe auch sehr
alte Sumpfzypressen. Am Ufer gegenüber steht regungslos ein
Graureiher, auf dem Wasser schwimmen Stockenten, Blässhühner
und ein Höckerschwan. Das nach links, zu den Gewächshäusern
hin ansteigende Gelände, die so genannten Mittelmeerterrassen,
schmückt sich mit bunter Blütenpracht. Beim Eis-Pavillon am
Parkausgang hat das Stadtgetriebe uns wieder.

Automassen wälzen sich geräuschvoll kreuz und quer über den
Stephansplatz. Die Fassade der früheren Oberpostdirektion beherrscht den Platz mit kaiserzeitlichem Pomp. Oben auf dem Helm
des Eckturms macht sich der Götterbote Merkur zum Abflug be-
reit, mit Flügeln am Hut und an den Sandalen. Auf der Balustrade
unterhalb des Turmhelms bewegt sich etwas kleines Unscheinbares. Durch das Fernglas ist ein **Hausrotschwanz** zu erkennen. Der
dunkel gefiederte Vogel lässt auffallend oft seinen rostroten

Schwanz zittern und knickst ein ums andere Mal. Hausrotschwänze waren ursprünglich Bewohner von gebirgigen Regionen. In den Städten fanden sie eine neue Heimat. Dort brüten sie
fast ausschließlich an Gebäuden, für die Kulturfolger ein adäqua-
ter Ersatz für die Felsen. Vom Stephansplatz aus führt unser Weg
nun durch die Colonnaden. In den jungen Bäumen, unter denen
sich reger Restaurantbetrieb entfaltet, tschilpen die Spatzen, immer gespannt darauf, ob für sie etwas abfällt. Der Blick auf die
Binnenalster kommt zu kurz, denn wir haben uns durch das Fuß-
gängergewimmel am Jungfernstieg zu kämpfen. Die Alsterarkaden
an der Kleinen Alster sind seit Jahren die Sommerheimat einiger
Mehlschwalbenpaare. Am Ende zur Schleusenbrücke hin haben
sie ihre Nester kurz unter der Decke an die Wand geklebt. In ra-
santem Flug jagen sie zwitschernd über dem Wasser nach Insekten. Mauersegler sorgen für noch mehr Flugbetrieb und lassen ihr
durchdringendes »sriih« hören. Von der Brücke aus schauen wir
noch einmal aufs Wasser: Stockenten, Alsterschwäne, Blässhühner und eine Graugans in Erwartung von Futtergaben, ebenso wie
die vielen Stadttauben auf den Stufen, die zum Wasser hinunter-
führen.

Steckbriefe

Zilpzalp

Kennzeichen: Länge 11 cm; Oberseite olivbraun, Unterseite weißlich, Kehle und Brust schwach gelb; heller Überaugenstreif. Schwer vom Fitis zu unterscheiden.

Stimme: Ein unverwechselbares, hell klingendes und häufig wiederholtes »zilp zalp zilp zalp ... «. Die schlichten Strophen sind nicht nur im Frühjahr zu hören, sondern – anders als bei den meisten anderen Vögeln – oft noch einmal zu Beginn des Herbstes. Ruf: Ein weiches »hüid« (nicht so ausgeprägt zweisilbig wie beim Fitis).

Lebensraum: Laub- und Mischwälder, Feldgehölze, Parks, Gärten und Friedhöfe.

Sonstiges: Zugvogel mit leichter Tendenz zu Überwinterungsversuchen. Von März/April bis September/Oktober bei uns. In Hamburg inzwischen auch in begrünten Innenstadtbereichen.

Heckenbraunelle

Kennzeichen: Länge 14 cm; ähnelt Haussperlingsweibchen, Schnabel aber fein und spitz, Kopf und Brust bleigrau.

Stimme: Kurze, wenig modulierte Strophen von hellen Trillern. Gesang häufig von der Spitze eines Nadelbaums oder Busches vorgetragen.

Lebensraum: Nadel- und Mischwälder, naturnahe Gärten, unterholzreiche Parks und Friedhöfe.

Sonstiges: Ein Teil der Heckenbraunellen zieht September/
Oktober fort und kehrt März/April zurück, die Übrigen bleiben
hier. In Hamburg nimmt der Bestand zu.

Gimpel

Kennzeichen: Länge 15 cm; gedrungen wirkender Vogel. Kurzer
und kräftiger schwarzer Schnabel. Schwarze Kappe, Rücken

blaugrau, Bürzel
und Flügelbinde
weiß. Brust beim
Männchen leuch-
tend karminrot,
beim Weibchen
rötlichgrau.
Stimme: Ein
melancholisches
»diü«. Der unauf-
fällige und zag-
hafte Gesang
setzt sich aus
leisen, tiefen Flö-
tentönen und na-
sal oder kratzend
klingenden Lau-
ten zusammen.

Lebensraum: Nadel- und Mischwälder, Parks, Friedhöfe, Gärten.
Sonstiges: Jahresvogel. In Hamburg nimmt die Zahl brütender
Gimpel leicht zu. Einige sind bereits in zentrumsnahen Grünanla-
gen heimisch geworden.

Hausrotschwanz

Kennzeichen: Länge 14 cm; rostroter, häufig zitternder Schwanz.
Männchen rußschwarz mit weißem Flügelfeld; Weibchen schiefergrau, ohne Weiß auf den Flügeln.
Stimme: Zweiteiliger Gesang. Schon frühmorgens zu hören:
Einem hellen »jirr-tititi« folgt ein mit gepressten Zischlauten ein-
geleitetes hohes »titütili«. Singt manchmal auch nachts. Nach
der Sommerpause folgt im Herbst noch eine kurze Gesangsperiode.
Lebensraum: Ursprünglich Felsenbewohner, hat der Hausrot-

schwanz in den Städten einen neuen Lebensraum gefunden. Dort brütet er fast ausschließlich an Gebäuden.

Sonstiges: Zugvogel mit leichter Tendenz zu Überwinterungsversuchen. Von März bis Oktober bei uns. Im Hamburger Hafen nisten Hausrotschwänze auch auf Lampenmasten und zwischen Containern.

Hier vorkommende Brutvögel

Amsel, Bachstelze, Blässhuhn, Blaumeise, Buchfink, Buntspecht, Eichelhäher, Elster, Gartenbaumläufer, Gimpel, Grauschnäpper, Grünfink, Hausrotschwanz, Haussperling, Heckenbraunelle, Kernbeißer, Klappergrasmücke, Kohlmeise, Mauersegler, Mehlschwalbe, Mönchsgrasmücke, Rabenkrähe, Reiherente, Ringeltaube, Rotkehlchen, Schwanzmeise, Singdrossel, Stadttaube, Star, Stockente, Teichhuhn, Zaunkönig, Zilpzalp.

Tipps

Der Park ist von 7 bis 23 Uhr (im Winterhalbjahr bis 20 Uhr) geöffnet.

Tropengewächshäuser im Alten Botanischen Garten (Telefon 6 08 05 33). Geöffnet: Montag bis Freitag von 9 bis 12 Uhr und von 12.45 bis 16.45 Uhr; am Sonnabend und Sonntag von 10 bis 12 Uhr und von 12.45 bis 17.45 Uhr.

Stadtpark

Ob ein Picknick auf der Wiese, ein geruhsamer Spaziergang im Gehölz oder ein Stelldichein in lauschiger Gartenecke – der rund 180 Hektar große Hamburger Stadtpark bietet allen etwas. Jogger finden reichlich Auslauf, Fußballer haben ihren Spaß beim Kicken, und die Kleinen tummeln sich im Planschbecken am Stadtparkcafé. Im ehemaligen Wasserturm auf dem höchsten Punkt des Parks wandern die Sterne über die Kuppeldecke des Planetariums. Die beliebte Parkanlage in der Nachbarschaft von Winterhude, Alsterdorf und Barmbek wurde am 1. Juli 1914 als »öffentlicher Volksgarten« eingeweiht. Den Stadtvätern ging es um frische Luft und Erholung für die damals stark anwachsende Bevölkerung. Nach den Plänen des Baudirektors Fritz Schumacher war eine klar gegliederte Parkarchitektur mit Wäldchen, großen Wiesenflächen, Gartenanlagen und See entstanden.

*Der Hamburger Stadtpark ist dank
seiner zentralen Lage gut zu erreichen.
U-Bahn (U3) bis Saarlandstraße oder
Borgweg.
S-Bahn (S1, S11) bis Alte Wöhr.
Buslinien: 179 bis Stadtpark
(Planetarium) und 20 bis Ohlsdorfer
Straße.
Autofahrer finden viele Parkmöglich-
keiten.*

Rund ums
Planetarium

Der imposante Backsteinbau des Planetariums im Westteil des Stadtparks
ist ein guter Ausgangspunkt für einen
vogelkundlichen Spaziergang. Er ist von
einem kleinen, nicht besonders unterholzreichen Mischwald eingefasst. Eichen und Buchen dominieren. Der
Baumbestand, großenteils der Abhol-
zung nach dem Zweiten Weltkrieg ent-
gangen, ist ein Rest des früheren »Sie-
richschen Gehölzes«. Hier fühlen sich
viele Vogelarten zu Hause, vor allem
Waldvögel wie Rotkehlchen, Zaunkönig, Heckenbraunelle, Gimpel
und Amsel. Außer Singvögeln brüten im Stadtpark auch Wasservögel, wie Reiherente, Teich- und Blässhuhn, und die Greifvögel
Habicht und Mäusebussard. Auch die Waldohreule nistet hier.
Fast 50 Brutvogelarten hat man gezählt. Besonders vielstimmig ist
das Vogelkonzert natürlich im Frühling, wenn die Männchen
stimmkräftig um die Weibchen werben und den Artgenossen die
Grenzen ihrer Reviere deutlich machen. Bevor wir unseren Spaziergang beginnen, versuchen wir mit geschlossenen Augen, den
vom Jahnring her gedämpft dröhnenden abendlichen Berufsver-
kehr auszublenden und die vielfältigen Gesänge auf uns wirken zu
lassen. Ein Zilpzalp ruft monoton seinen Namen, der winzige Zaunkönig schmettert seine weit hörbaren Melodien und Triller, eine
Mönchsgrasmücke flötet ihre klaren Tonfolgen, ein Gimpel lockt

mit melancholischem »diü«. Die Vögel machen uns bewusst, wie groß das Ausmaß der akustischen Umweltverschmutzung ist, der wir in der Stadt ständig ausgesetzt sind.

Geruhsam wandern wir jetzt unter Bäumen in Richtung Jahnring. Wir sind nicht allein. Etliche Spaziergänger genießen den milden Aprilabend, Hunde aller Rassen werden ausgeführt, ein kleines Mädchen übt sich wackelig auf seinem Kinderfahrrad, Jogger keuchen vorbei. Dem frischen Grün der Bäume ist auf den ersten Blick nicht anzusehen, dass manche von ihnen durch Grundwasserabsenkung und Luftverschmutzung geschädigt sind. Pilzinfektionen und Schadinsekten machen ihnen zu schaffen, weshalb jetzt sukzessive alte Bäume gegen neue ausgetauscht werden. Ein Pfiff in der Nähe gilt einem nicht angeleinten Hund und stammt nicht etwa von einer Amsel, die ihn irgendjemandem abgelauscht hat. Ein Mäusebussard ruft. Da bleiben wir stehen und halten Ausschau: von einem Bussard keine Spur. Ein **Eichelhäher** hat uns irregeführt. Er sitzt auf einem Ast und ist inzwischen zu seinem typischen Rätschen übergegangen. Dieser bunt gefiederte Rabenvogel ist ein begabter Stimmenimitator. Auch die Rufe von Dohle, Krähe, Kuckuck und Waldkauz können zu seinem Repertoire gehören. Wenn er im Herbst an verschiedenen Stellen im Wald Eicheln als Wintervorrat vergräbt, macht er seinem Namen alle Ehre. Manche Stellen vergisst er, so dass neue Eichen aufkeimen. So wird er auch »Pflanzer des Waldes« genannt. Auch »Polizist des Waldes« ist er, weil seine durchdringenden Warnrufe von anderen Vogelarten verstanden und beachtet werden. Wir finden eine seiner kleinen blauschwarz gebänderten Flügelfedern und streiten uns, wer sie mitnehmen darf – als schöne Erinnerung an Markwart, den immer wachsamen Eichelhäher.

Je näher wir dem Jahnring kommen, desto störender erscheint uns der Autolärm. Das Brummen eines großen Vogels im Landeanflug auf Fuhlsbüttel kommt hinzu. Schnell ist er außer Sicht, dafür sehen wir ein Eichhörnchen bei seiner Luftnummer, dem Sprung von Ast zu Ast. Das possierliche Tierchen ist kein reiner Vegetarier, sondern hält sich auch an Vogeleier und Jungvögel, wenn sich Gelegenheit bietet. Mit einer kleinen Amselmelodie macht der Star auf sich aufmerksam, der in einer Baumspitze am Schwätzen ist. Stare sind wahre Stimmakrobaten. Neben den Gesängen und Lauten der unterschiedlichsten Vogelarten können sie auch Geräusche wie das Piepsen eines Handys oder das Quietschen einer schlecht geölten Tür in ihrem Repertoire haben. In einer Buche, auf halber Höhe der Krone und unbeirrt vom Stadtgeräusch, variiert laut und inbrünstig eine **Singdrossel** ihre kurzen melodischen Strophen mit den typischen Wiederholungen. Ein Plattdeutscher könnte sich den Gesang so übersetzen:»Kiek Korl, kiek Korl, kiek Korl! / Wat Deerns, wat Deerns, wat Deerns! / Stücker fief, Stücker fief, Stücker fief!« Es soll auch möglich sein, eine Singdrossel zum Antworten zu bringen, indem man ihre unkomplizierten Strophen nachpfeift. Singdrosseln sind dafür bekannt, dass sie Steine als Amboss nutzen, um Schneckengehäuse aufzubrechen. Die »Drosselschmiede« ist an den herumliegenden Gehäuseresten zu erkennen. Um unseren ausdauernden Sänger näher zu betrachten, schauen wir durchs Fernglas. Der goldene Abendsonnenschein bringt das rahmfarbene Brustgefieder mit den dunklen Flecken voll zur Geltung.

Wir biegen nach rechts ab, gehen im Bogen zurück und überqueren den Rasenstreifen, der sich vom Planetarium zur Hindenburgstraße hinstreckt. Auf dem Grün ist einiges los. Ein Federballmatch ist im Gange, ein Frisbee segelt durch die Luft. Ein paar Amseln und Stare durchforschen geschäftig die Grasnarbe nach Regenwürmern. Mit schnarrendem Flugruf fliegt eine Misteldrossel über uns hinweg, die größte unserer Drosseln. Wieder unter Bäumen, werden wir von Amselgesang empfangen, der sich aber schnell als Lied der Misteldrossel erweist, weil er kürzer ist und ihm die Fülle der Modulationen fehlt. Nach einem kurzen Schweigen im Walde setzen nacheinander zwei Gesänge ein: leises Zwitschern und ein laut, klar und harmonisch geflötetes Liedchen. Beim Blick nach oben entdecken wir nur einen Vogel als Urheber. Er ist schlank und unauffällig grau gefiedert. An der schwarzen Kappe erkennen wir die **Mönchsgrasmücke**. Ihr Gesang ist zweiteilig aufgebaut: auf den unauffällig schwätzenden Vorgesang folgt der volltönend vorgetragene Hauptteil, der »Überschlag«. Wird der Vogel laut, zittert er am ganzen Körper und sträubt seine Kehlfedern. In den Bezeichnungen Mönch und Schwarzkopf ist die Kopffärbung des Männchens angesprochen, das Wort Grasmücke leitet sich von Gras und einem alten Wort für »schlüpfen« ab, was wohl auf die Lebensweise deuten sollte, aber bei diesem Baumvogel doch nicht recht zutrifft. Etwas genauer ist da die niederdeutsche Bezeichnung Heckenkrüper.

Ganz zum Grasweg wollen wir nicht und biegen deshalb nach rechts ab. Die Buchen haben ihr Laub noch nicht voll entfaltet, so dass die Buschwindröschen am Boden genug Licht bekommen. Holunder und Buchen-Jungwuchs bilden lichtes Unterholz, durchsetzt mit Farnen und Brennnesseln. Eine Ringeltaube gurrt ausdauernd und fliegt dann mit lautem Flügelklatschen ab, vielleicht zu ihrem unordentlich aus Reisig gefügten Baumnest. Was wir nun in den Buchen hören, klingt fast wie eine Nähmaschine. Wir müssen genau hinsehen, um in einiger Entfernung ein kleines unscheinbares Vögelchen zu entdecken. Es fliegt geschäftig von einem Zweig zum andern und lässt dabei seinen schwirrenden Gesang hören: der **Waldlaubsänger**, auch Waldschwirrvogel genannt. Gelegentlich flötet er seine melancholisch leiser werdenden Locktöne »düh-düh-düh-düh«. Der eher menschenscheue Waldvogel hat inzwischen in manchen Parks eine neue Heimat gefunden. Allerdings ist hier seine Brut durch frei laufende Hunde und streunende Katzen gefährdet, da er sein Nest am Boden oder bodennah baut. Seinen Laubsänger-Verwandten Zilpzalp und Fitis, die ebenfalls im Stadtpark anzutreffen sind, geht es ähnlich. Allmählich nähern wir uns unserem Ausgangspunkt. Ein Grünfink singt uns zum Abschied seine kanarienvogelartigen Triller. Ein anderer Finkenvogel, ein Kernbeißer, ruft ein scharfes »zicks« dazwischen. Wir brauchen das Fernglas, um den bunten Vogel weit oben in einer Baumkrone zu entdecken. Mit dem beeindruckend dicken Schnabel kann er sogar Kirschkerne knacken.

Steckbriefe

Eichelhäher

Kennzeichen: Länge 34 cm; Gefieder auffällig bunt (schwarz, weiß, braun, grau, blau).
Stimme: Durchdringendes »rätsch«, Imitation anderer Vögel, z.B. Mäusebussard.
Lebensraum: Laub- und Mischwälder, Parks, Wohngebiete und große Gärten mit altem Baumbestand.

Sonstiges: Ganzjährig zu beobachten. Nicht so häufig wie Elstern und Krähen. Stärker an waldähnliche Gelände gebunden. Weniger verstädtert. Im Winter in Trupps umherstreifend.

Singdrossel

Kennzeichen: Länge 23 cm; Oberseite braun, Unterseite rahmfarben mit dunklen Flecken.
Stimme: Lauter und wohltönender Gesang; verschiedene mehrsilbige Motive in zwei- bis dreimaliger Wiederholung.

Lebensraum: Unterholzreiche Wälder, Parks, Gärten.
Sonstiges: Bei weitem nicht so häufig und verstädtert wie die Amsel. Recht scheu. Zugvogel. Von März/April bis September/Oktober bei uns.

Mönchsgrasmücke

Kennzeichen: Länge 14 cm; Gefieder mit wenig unterschiedenen Grautönen; Männchen mit schwarzer, Weibchen mit rotbrauner Kappe.
Stimme: Zweiteiliger Gesang; schwätzender leiser Vorgesang geht über in den klar und laut geflöteten »Überschlag«. In Erregung kurzes »tek«.
Lebensraum: Unterholzreiche Wälder, Parks, Gärten.

Sonstiges: Relativ unempfindlich gegenüber Störungen. Häufigste Grasmücke. Zugvogel mit leichter Tendenz zu Überwinterungsversuchen. Von April bis September/Oktober bei uns.

Waldlaubsänger

Kennzeichen: Länge 12,5 cm; Oberseite gelblich grün, Kehle und Brust gelb, Bauch weiß.

Stimme: Schwirrstrophe aus kurzen, beschleunigt vorgetragenen Elementen gleicher Tonhöhe und abschließendem Triller; Serien leiser werdender Locktöne »düh-düh-düh-düh«.

Lebensraum: Laubwälder mit wenig Unterholz, bevorzugt Buchenwälder, Parks und große Gärten.

Sonstiges: Seltenste Laubsängerart, weil relativ stark an Buchenwaldungen gebunden. Zugvogel. Von April bis August/September bei uns.

Hier vorkommende Brutvögel

Amsel, Bachstelze, Blässhuhn, Blaumeise, Buchfink, Buntspecht, Eichelhäher, Elster, Fitis, Gartenbaumläufer, Gartengrasmücke, Gartenrotschwanz, Gelbspötter, Gimpel, Grauschnäpper, Grünfink, Habicht, Haubenmeise, Haubentaucher, Haussperling, Heckenbraunelle, Kernbeißer, Klappergrasmücke, Kleiber, Kohlmeise, Mauersegler, Mäusebussard, Misteldrossel, Mönchsgrasmücke, Rabenkrähe, Reiherente, Ringeltaube, Rotkehlchen, Schwanzmeise, Singdrossel, Sommergoldhähnchen, Stadttaube, Star, Stockente, Sumpfmeise, Tannenmeise, Teichhuhn, Türkentaube, Waldlaubsänger, Waldohreule, Wintergoldhähnchen, Zaunkönig, Zilpzalp.

Tipps

Alljährlich von April bis Juni veranstaltet der NABU vogelkundliche Kurzwanderungen im Stadtpark. Information: Telefon 697 08 90.
Zum Einkehren laden ein: Landhaus Walter (Hindenburgstraße 2, Telefon 27 50 54), geöffnet ab 11 Uhr, und das Garten-Café am Planschbecken, geöffnet März bis Oktober, täglich ab 11 Uhr.
Zu empfehlen ist auch ein Besuch im Planetarium (Telefon 514 98 50). Öffnungszeiten: Montag, Dienstag, Donnerstag 10 bis 14.45 Uhr, Mittwoch, Freitag 10 bis 18 Uhr, Sonntag 10 bis 16 Uhr. Vorführungen: Mittwoch 16 und 18 Uhr, Freitag 18 und 20 Uhr, Sonntag 11, 14.30 und 18 Uhr. Die Aussichtsplattform in 61 m Höhe bietet einen schönen Blick auf den Stadtpark.

Ohlsdorfer Friedhof

»Die Freude und Sehnsucht nach der Natur berechtigen besonders die Großstädter, Friedhöfe so weit wie nur möglich mit Baumwerk auszugestalten. Eine Wanderung still unter Bäumen, ein stilles Bankplätzchen unter Bäumen, das ist allgemein der Wunsch.« Von diesen Gedanken hatte sich Johann Wilhelm Cordes leiten lassen, als er den größten Parkfriedhof der Welt anlegte, auf der Pariser Weltausstellung 1900 mit einem »Grand prix« ausgezeichnet. Mit 400 Hektar und einem ausgedehnten Wegenetz ist der 1877 eröffnete Ohlsdorfer Friedhof auch Hamburgs größte Grünanlage. Er ist umgeben von den Stadtteilen Ohlsdorf, Klein Borstel, Wellingsbüttel, Bramfeld und Steilshoop. Der kunstvoll als Park gestaltete Friedhof ist nicht nur ein Ort für Trauer und Gedenken, sondern wir finden hier auch Ruhe und Besinnlichkeit als Gegengewicht zum pulsierenden Großstadtleben.

*Sieben Eingänge, davon drei
nur für Fußgänger.
Haupteingang Fuhlsbüttler
Straße:
U-Bahn (U1) und S-Bahn (S1,
S11) bis Ohlsdorf.
Buslinien: 39, 172, 179 bis
Ohlsdorf.
Parkmöglichkeiten auf dem
Friedhofsgelände.*

Der Friedhof lebt

Wo Hunderttausende ihre letzte
Ruhestätte fanden, geht es äußerst lebendig zu. Hier springt
ein Eichhörnchen flink durchs
Geäst, dort watschelt eine Grau-
gansfamilie im Gänsemarsch
zwischen den Grabstellen umher, und über einer ungemähten
Blumenwiese gaukeln Schmetterlinge im Sonnenschein. Hecken, Knicks, Wiesen, Wasser-
flächen und ein wertvoller, über
hundertjähriger Baumbestand sorgen für eine abwechslungsreiche Parkarchitektur. Die Vielfalt der Flechten, die an den Bäumen
siedeln, zeigt an, dass die Luft nicht so verschmutzt ist wie in anderen Stadtbereichen. Das Friedhofsgelände ist zwar mit insgesamt 17,5 Kilometern Fahrstraßen ausgestattet, aber für Durch-
gangsverkehr gesperrt, und im Übrigen ist die Geschwindigkeit auf
30 Stundenkilometer beschränkt. Der naturnah bewirtschaftete
Landschaftspark ist Lebensraum für eine artenreiche Tierwelt. Die
Vögel können unter 450 Laub- und Nadelgehölzen wählen. Gut
über 50 Vogelarten nisten hier, darunter sogar Seltenheiten wie der
Eisvogel und der Baumfalke. Zählt man Durchzügler und Wintergäste hinzu, kommt man auf fast 100 Arten. Pirol und Nachtigall
brüten hier allerdings schon lange nicht mehr. Für den Vogelfreund gibt es auf dem Ohlsdorfer Friedhof überall etwas zu sehen

und zu hören. Folgt er den Informationstafeln des erst in jüngster Zeit angelegten Naturlehrpfades gleich in der Nähe des Haupteingangs, kann er etwa erfahren, was der Buchfink im Winter frisst, und sich gleichzeitig am Lied des fleißigen Sängers erfreuen.

An einem Spätnachmittag Ende April lassen wir die Fuhlsbüttler Straße mit ihrem Feierabendverkehr hinter uns und machen uns durch den Haupteingang auf den Weg in die Weiträumigkeit des Friedhofs. Aus dem Wipfel eines alten Baums grüßt uns sogleich eine Misteldrossel mit wohltönendem Gesang. Wir halten uns rechts, überqueren die Cordesallee und erreichen nach wenigen Schritten den Südteich. Hier beginnt der 1,5 Kilometer lange Lehrpfad. 23 Tafeln bieten interessante Informationen über die dortige Tier- und Pflanzenwelt. Die erste erzählt von dem Grauganspaar, das regelmäßig auf der Insel des kleinen Teiches brütet. Der Text ist nicht gelogen: Prompt kommt das Paar hinter einem Busch hervor, hält aber vorsichtig Abstand zu uns. Wir gehen über die kleine Brücke mit dem schönen schmiedeeisernen Geländer und kommen am Rosengarten mit seinen fünfzig Rosensorten vorbei. Nicht weit vor uns trommelt unüberhörbar ein **Buntspecht**. Wir halten Ausschau und entdecken ihn am Stamm einer Buche, die zu einer Buchengruppe gehört. Der zugehörigen Tafel ist zu entnehmen, dass die Wurzeln dieser Bäume geschädigt sind, was ihnen an der Wipfeldürre anzusehen ist. An solchen Bäumen suchen sich Buntspechte gern eine morsche Stelle, um eine Bruthöhle auszumeißeln. Bei genauerer Inspektion fallen uns außer dem Eingang zu einer fertigen Höhle auch drei kleinere Löcher auf. Offensichtlich wurde hier der Höhlenbau abgebrochen. Für diese Spechte ist das Trommeln, was für andere Vögel der Gesang ist. Da ist ihnen auch schon einmal das blechgedeckte Dach einer Friedhofskapelle als Resonanzkörper recht.

Wir verlassen uns bei unserer weiteren Entdeckungsreise auf die ins Auge fallenden Steine mit den weißen Richtungspfeilen. In einer hoch gewachsenen Blutbuche hängt ein oben geschlossener Weidenkorb mit seitlicher Öffnung: eine Nisthilfe für Waldohreule und **Waldkauz**, wie auf der Informationstafel zu lesen ist. Ob eine Waldohreule ihn nutzen wird, ist allerdings fraglich, denn diese Vögel brüten hier schon seit Anfang der siebziger Jahre nicht mehr, sondern besuchen den Friedhof nur im Winter, weil sie dort geschützte Schlafplätze finden. Außerdem ist es wenig wahrscheinlich, dass ihnen ein Brutplatz in unmittelbarer Fußwegnähe zusagt.

Ein Waldkauz jedoch könnte sich durchaus hier einnisten. Waldkäuze scheuen die Stadt nicht. In Hamburg sind sie mit rund 110 Brutpaaren die häufigste Eulenart. Ihr dunkles Rufen, eine Bereicherung für jeden Gruselfilm, erklingt in städtischer Umgebung oft schon im Februar und nicht erst im März, wie es eigentlich die Norm ist. Dies erklärt sich vermutlich durch das höhere Temperaturniveau in der Stadt. Tagsüber wird man den Waldkauz kaum zu Gesicht bekommen, denn zumeist verharrt er regungslos auf einem Ruheplatz und ist mit seinem rindenartig gemusterten Gefieder gut getarnt. Wenn kleinere Vögel ihn dennoch entdecken, geraten sie in helle Aufregung und versuchen, ihn durch »Anhassen« zu vertreiben. Nachts jagt der Waldkauz Mäuse. Seine Flügelfedern sorgen dabei für fast absolute Lautlosigkeit. Pech für die Mäuse, deren leises Rascheln der Waldkauz noch auf 25 Meter Entfernung hören kann.

Unüberhörbar ertönt jetzt die markante »Lachstrophe« eines Grünspechts. Im Unterschied zum Buntspecht ist für ihn das Trommeln nicht so wichtig. Er lacht einfach, um sein Revier zu markieren und sich innerhalb einer Partnerschaft zu verständigen. Schade, dass wir den Grünspecht nicht ausmachen können. Dafür fällt uns am Stamm einer Eiche eine huschende Bewegung auf. Ein Vögelchen in unscheinbarem Graubraun scheint an der Rinde zu kleben, springt dann etwas weiter nach oben, und zwar leicht schräg versetzt, um wieder kurz zu verharren. So bewegt es sich in einer Schraubenlinie ein Stück am Stamm nach oben. Dann geht es im Abwärtsflug zum nächsten Baum, wo das Spiel von neuem beginnt. Der **Gartenbaumläufer** huscht aber nicht »just for fun« baumaufwärts. Er sucht vielmehr die zerklüftete Rinde nach Insekten und Spinnen ab, die er mit seinem leicht gebogenen dünnen Schnabel aus den Ritzen holt. Gelegentlich lässt er seinen kurzen hellen Ruf hören. Seinen Gesang enthält er uns vor. Den wahrzunehmen würde es auch gute Ohren brauchen, denn er erklingt nur zart und leise. Um kalte Winternächte besser zu überstehen, sucht der kleine Vogel gern die Gesellschaft von Artgenossen. Enger Körperkontakt verringert die Auskühlung – eine Überlebensstrategie, wie sie etwa auch von Zaunkönigen, Schwanzmeisen und Fledermäusen bekannt ist. In einigen Jahren ist auf dem Ohlsdorfer Friedhof vielleicht auch der Waldbaumläufer, die Zwillingsart des Gartenbaumläufers, zu beobachten. Neuerdings gibt es nämlich Hinweise, dass er vom Stadtrand her allmählich in städtische

Grünanlagen einwandert, in diesem Fall wohl dem Alsterlauf folgend.

Die Bergstraße ist überquert, und der Weg führt um Kapelle 4 herum. Das Lehrpfadschild 13 weist auf eine Eberesche hin und erzählt auch, dass die bei zahlreichen Vogelarten beliebten Vogelbeeren in früheren Zeiten tückischerweise als Köder bei der Vogelstellerei verwendet wurden. An der nächsten Station geht es um die dort aufgehängten Nisthilfen für Höhlen- und Halbhöhlenbrüter. Vorbei an dem aus verschiedensten Materialien bestehenden »Insektenhotel« und dem als Winterwohnung für Kleintiere gedachten Reisighaufen kommen wir an die Bergstraße zurück. »Tuit tuit tuit tuit« tönt es laut von den Bäumen links herüber. Typisch **Kleiber**. Wir bekommen ihn auch zu sehen. Kopfüber klettert er den Stamm einer Linde hinunter. Mit diesem Kunststück steht er in der hiesigen Vogelwelt allein da. Er kann es natürlich auch umgekehrt. Seinen Namen verdankt der elegant graublaue Vogel seiner Technik, die Eingänge der von ihm übernommenen Nisthöhlen anderer Vögel auf das ihm genehme Maß zu verkleinern, indem er um den Rand herum eine Mischung von Lehm und Speichel klebt. Gelegentlich kann man die Kletterkünstler an Bäumen klopfen hören, doch viel leiser als das Trommeln eines Spechts. Dann holen sie sich wohl Insekten aus Rindenspalten oder unter der Rinde hervor. Im Herbst klemmen sie Haselnüsse, Eicheln und Bucheckern an geeigneter Stelle ein und hacken sie auf. Auch Meisen und Zaunkönige wissen hin und wieder Baumstämme als Nahrungsquelle zu schätzen, ohne dass sie so weitgehend spezialisiert wären wie Spechte, Baumläufer und Kleiber.

Steckbriefe

Buntspecht

Kennzeichen: Länge 24 cm; schwarze Kopfplatte, schwarzer Rücken mit ovalen weißen Schulterflecken, rote Unterschwanzdecken, Männchen mit rotem Nackenfleck.

Stimme: Einzeln oder in dichter Folge laut und hart hervorgebrachtes »kick«, auch schnelles scheltendes »tschrett tschrett tschrett … «. Außerdem schlägt er mit dem Schnabel schnelle, abrupt endende Wirbel auf Stämmen und Ästen.

Lebensraum: Wälder, kleinere Gehölze, Parks und Gärten mit altem Baumbestand. *Sonstiges:* Jahresvogel. Häufigste Spechtart in der Sladt. Auch in dicht bebauten Wohngebieten zu beobachten. Trommelt gelegentlich an Antennen, Regenfallrohren, Blechdächern und anderen künstlichen Resonanzkörpern.

Waldkauz

Kennzeichen: Länge 40 cm; Gefieder von grau bis braun, dunkel gefleckt, senkrecht gestreifte Brust; rundlicher Kopf mit großen dunklen Augen, keine Federohren.

Stimme: Gesang des Männchens ein unheimlich anmutendes »hu-huh« mit anschließendem tremulierten »u-u-u«. Ruf des Weibchens ein gellendes »ku-wit«.

Lebensraum: Wälder sowie Parks, Gärten und Alleen mit altem Baumstand.

Sonstiges: Jahresvogel. Häufigste Eulenart in der Stadt. Brütet außer in Baumhöhlen und verlassenen Krähennestern auch in Gebäuden, wie Kirchtürmen oder alten Fabrikbauten.

Gartenbaumläufer

Kennzeichen: Länge 13 cm; Gefieder überwiegend braun, Brust und Bauch fast weiß, Flanken bräunlich; relativ langer, dünner, leicht gebogener Schnabel.

Stimme: Durchdringendes »ti-tüüt«, gelegentlich »srri«; Gesang ein kurzes zartes Liedchen, etwa »tit tit titeroitit«.

Lebensraum: Lichte Laubwälder, Feldgehölze, Gärten, Parks, baumbestandene Straßen.

Sonstiges: Jahresvogel. Brütet – anders als die Zwillingsart, der Waldbaumläufer – auch in innerstädtischen Bereichen.

Kleiber

Kennzeichen: Länge 14 cm; Oberseite blaugrau, Unterseite rahmfarben, schwarzer Augenstreif, Flanken des Männchens nach hinten zu rötlich braun; langer spitzer Schnabel.

Stimme: reichhaltiges Repertoire verschiedener lauter Rufe und Gesänge; typisch ist das in der Gesangsperiode oft zu hörende »tuit tuit tuit tuit«.

Lebensraum: Wälder, Parks und Gärten mit altem Baumbestand.

Sonstiges: Jahresvogel. Streift außerhalb der Brutzeit bis in begrünte Innenstadtbereiche. Im Winter hin und wieder an Futterstellen zu sehen.

Hier vorkommende Brutvögel

Amsel, Bachstelze, Baumfalke, Blässhuhn, Blaumeise, Buchfink, Buntspecht, Eichelhäher, Eisvogel, Elster, Feldsperling, Fitis, Gartenbaumläufer, Gartengrasmücke, Gartenrotschwanz, Gimpel, Graugans, Grauschnäpper, Grünfink, Grünspecht, Habicht, Haubenmeise, Haubentaucher, Haussperling, Heckenbraunelle, Kanadagans, Kernbeißer, Klappergrasmücke, Kleiber, Kohlmeise, Mauersegler, Mäusebussard, Misteldrossel, Mönchsgrasmücke, Rabenkrähe, Reiherente, Ringeltaube, Rotkehlchen, Schwanzmeise, Singdrossel, Sommergoldhähnchen, Stadttaube, Star, Stieglitz, Stockente, Sumpfmeise, Tannenmeise, Teichhuhn, Trauerschnäpper, Türkentaube, Uhu, Waldkauz, Wintergoldhähnchen, Zaunkönig, Zilpzalp.

Tipps

Von April bis Juni veranstaltet der NABU vogelkundliche Spaziergänge auf dem Ohlsdorfer Friedhof. Einzelheiten sind unter der Telefonnummer 697 08 90 zu erfragen.

Öffnungszeiten des Friedhofs: April bis Oktober 8 bis 21 Uhr, November bis März 8 bis 18 Uhr täglich.

Informationshaus beim Haupteingang: täglich 11 bis 15 Uhr; kostenloses Informationsmaterial.

Museum: montags, donnerstags und sonntags 10 bis 14 Uhr und nach Vereinbarung; Eintritt frei. Auf dem Friedhof verkehren die Buslinien 170 und 270.

Der Förderkreis Ohlsdorfer Friedhof e.V. (Telefon 50 05 33 87) veranstaltet geführte Rundgänge zu verschiedensten Themen.

Hunde sind auf dem Ohlsdorfer Friedhof nicht zugelassen.

Alster-wanderweg

»An de Alster, an de Elbe, an de Bill ...« kann man wohl nicht unbedingt alles machen, was man will, wenn auch Richard Germer in seinem Lied anderer Meinung ist. Schon gar nicht am naturnahen Oberlauf der Alster, wo sich der Fluss durch Feuchtwiesen und Reste von Bruch- und Auwäldern schlängelt. Stadtwärts ist der Alsterlauf weitgehend begradigt und am Innenstadtrand schon seit dem Mittelalter aufgestaut. Vom Baumwall, wo die Alster in die Elbe mündet, bis zur Alsterquelle im Henstedter Moor führt der rund 50 Kilometer lange Alsterwanderweg. Ab Klein Borstel ist er besonders reizvoll, ob man nun zu Fuß oder per Rad unterwegs ist: mal unter Bäumen, mal an Wiesen und großen Gartengrundstücken vorbei, mal auf dem einen, mal auf dem anderen Ufer. Es gibt manches zu entdecken. Mit etwas Glück lässt sich sogar einer der Halsbandsittiche beobachten, dort heimisch gewordene Nachkömmlinge entflogener Käfigvögel.

Verkehrsanbindung

Der Alsterwanderweg führt die Alster entlang vom Baumwall bis zum Henstedter Moor.

(Hier beschrieben: Strecke zwischen Klein Borstel und Poppenbüttel.)

Klein Borstel: U-Bahn (U1).

Poppenbüttel: S-Bahn (S1, S11); verschiedene Buslinien.

Parkplätze am U- und S-Bahnhof.

Einwanderungsweg für Waldvögel

Auf der Oberalster werden schon seit dem 19. Jahrhundert keine Alsterschuten mit Holz, Torf und Segeberger Kalk mehr gestakt oder getreidelt. Für den heutigen Schiffsverkehr sorgen Freizeitkapitäne in Paddelbooten. Wie durch einen grünen Tunnel schippern sie geruhsam dahin, wo die Bäume ihre Zweige über den Fluss hängen. In der Eiszeit als Schmelzwasserfluss entstanden, schlängelt er sich durch eine von Gletschern modellierte Landschaft. Etwa ab 1900 wurde das Alstertal zunehmend mit Wohnhäusern bebaut. Der Flusslauf mit seinen abwechslungsreichen Uferbereichen blieb davon ausgenommen und entwickelte sich zu einem beliebten Naherholungsgebiet. Ein mehr oder weniger breiter Korridor mit zum Teil urwüchsiger Natur zieht sich von der nordöstlichen Stadtgrenze bis fast ins Stadtinnere. Seinem Verlauf folgend, wandern Waldvögel wie Buntspecht, Eichelhaher und Mönchsgrasmücke in städtische Regionen ein. Mehr als 50 Vogelarten brüten entlang des Alsterlaufs, darunter auch der prächtig blaue Eisvogel. Reste von Bruch- und Auwald begleiten den Fluss, immer wieder auch größere und kleinere Teiche. Auf den nassen Böden wachsen das Bittere Schaumkraut, die Sumpfmiere, die Sumpfschwertlilie und andere feuchtigkeitsliebende Pflanzen. Auch Erlen, Pappeln und Weiden wissen die Feuchtigkeit zu schätzen. In den Weidengebüschen

kommen verschiedene Arten vor: Silber-, Grau-, Ohr-, Mandel- und
Purpurweide.

Von der U-Bahn-Station Klein Borstel aus ist es nicht weit zum
Alsterwanderweg. Nur den Fußweg am Bahnkörper entlang – und
schon ist man am Alsterufer, wo der Weg unter dem Bogen der
U-Bahn-Brücke hindurchführt. Beschaulich ist es hier. Die Juni-
sonne spielt im Laub der Bäume. Die Singvögel veranstalten ihr
sonntägliches Morgenkonzert. Ein Stück weiter flussaufwärts erstreckt sich rechter Hand ein Erlenbruch. Gemächlich fließt die
Alster. Eine Stockentenmutter führt ihre Jungen auf dem Wasser
spazieren. Nicht weit davon schwimmt gemütlich eine viel kleinere, dunkel wirkende Ente: eine **Reiherente**. Es ist ein Weibchen. So
allein? Nein, das Männchen war unter Wasser mit Nahrungssuche
beschäftigt und taucht jetzt auf. Tropfen perlen von seinem Pracht-
kleid in Schwarz und Weiß. Verwegen sieht es aus mit seinem
Federschopf am Hinterkopf. Diese Tauchentenart liebt stehende,
seichte Gewässer; es können auch einmal langsam fließende Was-
serläufe sein. Unser Reiherentenpaar hat vielleicht hier in der Nähe an einem der Teiche auf der anderen Seite der Alster einen
Brutplatz gefunden, an dem die empfindlichen Vögel nicht von
Spaziergängern gestört werden. Der Weg entfernt sich etwas vom
Fluss und führt durch Wiesengelände, rechts mit Spielgeräten be-
setzt, darunter vier als Störche stilisierte Kletterpfähle. Hier wurde
eine artenreiche Wiese in eine Freizeitfläche umgewandelt, was
der eine oder andere Botaniker sicher bedauert.

Ein paar Schritte weiter kommt rechts der Hang des alten Strom-
tals für eine kurze Strecke in Sicht. Danach führt der Weg an einem
langgezogenen Teich entlang. Bei der Kühnbrücke, die wir links
liegen lassen, beeindruckt eine Erle durch auffälligen Baumpilz-
bewuchs. Die Pilze haben sich auf einer Stammseite angesiedelt
und ziehen sich als breites Band bis zu einer Höhe von gut drei
Metern hinauf. Unterhalb der ersten Äste ein Spechtloch, aus dem
das nicht enden wollende »wiwiwiwiwi« kleiner hungriger Buntspechte zu hören ist. Am Weg finden wir etwas zu lesen: auf unserer Alsterseite ein Schild mit der Bitte, nach Möglichkeit die Enten
nicht zu füttern, und am anderen Ufer der Hinweis »Vogelschutz-
gebiet«. Als wir über die Illiesbrücke zur anderen Seite wechseln,
lassen uns fremdartige Vogelstimmen aufhorchen. Sie rühren
nicht von den im Alstertal lebenden Halsbandsittichen her, sondern von den Exoten in der großen Voliere auf dem Grundstück

eines Altenheims. Doch auch bekanntere Töne sind zu hören. Von einer Buche her die zarten Rufe einer **Schwanzmeise**. Der kleine Vogel mit dem charakteristischen langen Schwanz, den er wie eine Balancierstange benutzt, turnt emsig in den Zweigen umher. Er ist auf Insekten und Spinnen aus. Schwanzmeisen sind Nest-baukünstler. Für ihre oben geschlossenen eiförmigen Nester mit seitlichem Einschlupfloch suchen sie sich hohe Gebüsche oder Bäume. Der kunstvoll aus Moos, Flechten und Spinnweben ge-flochtene Bau ist mit Federn und Haaren weich und warm aus-gepolstert. Außerhalb der Brutzeit sind Schwanzmeisen sehr ge-sellig und stromern in kleineren und größeren Trupps durch die Gegend.

An Bruchwald, Gartengrundstücken und Kleingärten vorbei. Über die Brücke beim UHC-Sportplatz geht es zur anderen Alsterseite zurück. Auf dem Wasser rudert langsam ein Singschwan dahin, ein verwilderter Parkvogel, den es nicht im zeitigen Frühjahr in den Norden zieht wie seine wilden Artgenossen. Auf der Bank unter einer alten vielstämmigen Eiche in Ufernähe gönnen wir uns einen Schluck aus der Thermosflasche. Über uns schmettert ein **Buch-fink** seine Strophen. Der Gesang des Männchens ist so einpräg-sam, dass dafür weit mehr Merksätze erfunden wurden als für andere Vogelgesänge – von »Mädele, Mädele, deck das Knie zu« in Schwaben bis zu »Dütt, dütt, dütt is mien Revier« in Nieder-sachsen. In den dialektgefärbten Merksätzen scheint schon ange-deutet zu sein, dass es auch im Buchfinkenschlag Dialektunter-schiede gibt. Insbesondere der auffallende Endschnörkel des mehrstrophigen Gesangs variiert stark, wie in den Formulierungen »mien Revier« und »Knie zu« angedeutet. Typisch ist sein Ruf »pink«, den er etwa dann ertönen lässt, wenn er sich über eine Katze aufregt. Dieser Laut hat möglicherweise den Finken den Na-men eingetragen. Genug gerastet. Der Erlenbruch auf der anderen Alsterseite wirkt mit den umgestürzten und moosbewachsenen Weiden dazwischen richtig urwaldhaft. An einer Buche direkt am Weg scheint eine vorbeifliegende Hexe ihren Besen verloren zu ha-ben. Am Baumstamm ist ein dichtes Büschel dünner Zweige aus-getrieben. Verursacher der Missbildung ist ein mikroskopisch klei-ner parasitischer Pilz. Solche Hexenbesen finden sich auch an Bir-ken und verschiedenen anderen Bäumen.

Am Weg liegt ein kleiner Findling mit dem eingemetzten Hinweis auf das Alstertal-Museum im alten Torhaus. Nun geht es durch einen Buchenbestand mit viel Jungwuchs. Der Weg entfernt sich etwas von der Alster und führt am Steilhang entlang. Schon bald ist der Fluss wieder in Sicht. In einer großen Weide ruft eine Sumpfmeise. Wir gehen über die nächste Brücke zum anderen Ufer und wandern nach rechts. Eine umgestürzte ältere Buche liegt am Boden. Der Sturm hatte bei ihr leichtes Spiel, denn sie war durch Kernfäule geschädigt, wie an der Bruchstelle deutlich zu sehen ist. Die Fläche zwischen dem Weg und den höher gelegenen Grundstücken ist bewaldet. Aus einem Nistkasten rufen junge Meisen nach Futter, in einer Kiefer singt eine Tannenmeise, und ein Trauerschnäpper meldet sich mit seinem »witu witu witu«. Von der Alster her ein scharfes, durchdringendes »ziss ziss«: der Ruf einer **Gebirgsstelze**. Mit wippendem Schwanz trippelt sie geschäftig den schmalen Schwemmsandstreifen am gegenüberliegenden Ufer entlang. Sie ist auf der Suche nach Insekten und deren Larven, die sie sich gelegentlich auch im seichten Wasser sucht. Der auf Wassernähe angewiesene Vogel nistet vielleicht nicht weit von hier an einem Uferabbruch, wo er eine passende Nische oder Höhlung für sein Nest gefunden hat. Angestammtes Biotop der Gebirgsstelze sind schnell fließende Bäche und Flüsse besonders in gebirgigen Regionen, wo ihr typischer Ruf auch lautes Wasserrauschen durchdringt. Unsere Stelze fliegt alsteraufwärts im Bogenflug davon. Nach Überquerung einer weiteren Brücke suchen wir den Pfeil mit dem schwarzen »P«, der uns den Weg zum S-Bahnhof Poppenbüttel weist.

Steckbriefe

Reiherente

Kennzeichen: Länge 43 cm; Männchen schwarz mit weißen Flanken; Schnabel graublau mit schwarzer Spitze; am Hinterkopf ein langer herabhängender Federschopf. Weibchen dunkelbraun mit helleren Flanken; Schnabel dunkelgrau mit schwarzer Spitze. Federschopf sehr kurz.
Stimme: Selten zu hören. Bei der Balz pfeift und trillert das Männchen leise; das Weibchen antwortet mit einem kurzen »krök«.
Lebensraum: Flache Seen und Teiche, Gräben, seltener Meeresküsten.

Sonstiges: Ein Großteil der Hamburger Reiherenten überwintert. Die Vögel zeigen Tendenzen zur Verstädterung. So brüten sie in Innenstadtnähe auf künstlichen Wasserbecken in Planten un Blomen und auf dem Campusteich auf dem Universitätsgelände.

Schwanzmeise

Kennzeichen: Länge 14 cm; kleiner Körper, winziger Schnabel, sehr langer Schwanz. Kopf weiß mit dunklem Scheitelstreif; Oberseite schwarz und rötlich, Unterseite weißlich.
Stimme: Ein schnurrendes »tserrrp« oder ein zartes »si-si-si«. Der leise zwitschernde Gesang ist selten zu hören.

Lebensraum: Unterholzreiche Wälder, Parks, große Gärten.
Sonstiges: Jahresvogel. In Hamburg brütet die Schwanzmeise auch im Alten Botanischen Garten, ganz in der Nähe zur Innenstadt.

Buchfink

Kennzeichen: Länge 15 cm; zwei weiße Flügelbinden, weiße Schwanzkanten. Brust und Kopfseiten des Männchens sind rostrot, Scheitel und Nacken taubenblau, Rücken braun. Das Weibchen ist eher unscheinbar gefärbt und ähnelt

einem Sperlingsweibchen. *Stimme:* Bei Gefahr ein scharfes »pink«, bei leichter Erregung ein »hüit« oder »wrüt« (»Regenruf«), im Fluge ein weiches »djüb«. Der laut geschmetterte Gesang weist regionale Unterschiede auf und wird mit verschiedenen Merksätzen umschrieben, etwa »Bin, bin, bin ich nicht ein schöner Bräutigam?«.

Lebensraum: Laub- und Nadelwälder, Parks und Gärten.

Sonstiges: Teilzieher. Ein Teil der Buchfinken (vor allem Weibchen) zieht September/Oktober fort und kehrt Februar/März zurück, die Übrigen bleiben hier. Der Buchfink ist in Hamburg weit verbreitet.

Gebirgsstelze

Kennzeichen: Länge 18 cm; sehr langer schwarzer Schwanz mit weißen äußeren Steuerfedern; Schwanz und Hinterkörper ständig wippend. Rücken blaugrau. Weißer Überaugen- und Bartstreif.

Männchen mit gelber, Weibchen mit weißlicher Unterseite. Beim Männchen sind Kinn und Kehle im Sommer schwarz.

Stimme: Ruf ein scharfes »ziss-zississ«. Gesang kurz »zi-zi ... zürit«. Gelegentlich Imitationen anderer Vogelstimmen.

Lebensraum: Schnell fließende klare Bäche und Flüsse, gern an Brücken und Wehren.

Sonstiges: Teilzieher. Ein Teil der Gebirgsstelzen zieht im Oktober fort und kehrt im März zurück, die Übrigen bleiben hier. Auf Hamburger Gebiet im Oberalsterraum vorkommend.

Hier vorkommende Brutvögel

Amsel, Bachstelze, Blässhuhn, Blaumeise, Buchfink, Buntspecht, Dohle, Eichelhäher, Eisvogel, Elster, Feldsperling, Fitis, Gartenbaumläufer, Gartengrasmücke, Gartenrotschwanz, Gebirgsstelze, Gimpel, Grauschnäpper, Grünfink, Grünspecht, Halsbandsittich, Haubenmeise, Haussperling, Heckenbraunelle, Kanadagans, Kernbeißer, Klappergrasmücke, Kleiber, Kleinspecht, Kohlmeise, Mauersegler, Mäusebussard, Misteldrossel, Mittelspecht, Mönchsgrasmücke, Rabenkrähe, Reiherente, Ringeltaube, Rotkehlchen, Schwanzmeise, Singdrossel, Singschwan, Stadttaube, Star, Stockente, Sumpfmeise, Tannenmeise, Teichhuhn, Trauerschnäpper, Türkentaube, Waldbaumläufer, Waldkauz, Waldlaubsänger, Wintergoldhähnchen, Zaunkönig, Zilpzalp.

Tipps

Jedes Jahr von April bis Juni veranstaltet der NABU vogelkundliche Kurzwanderungen im Alstertal. Informationen: Telefon 697 08 90.
Näheres zum Oberalster-Raum ist im Alstertal-Museum am Wellingsbüttler Weg 75a zu erfahren (Telefon 536 66 79). Geöffnet: Sonnabend und Sonntag von 11 bis 13 Uhr und von 15 bis 17 Uhr.
Spielplatz und Grillmöglichkeit auf den Alsterwiesen an der Wellingsbütteler Landstraße (Nähe U-Bahn Klein Borstel).
Wer die Vogelwelt vom Wasser aus beobachten möchte, findet Paddel-, Ruder- und Tretboote bei der Bootsvermietung Wolfgang Thöns, Ratsmühlendamm 2, Telefon 59 94 98, geöffnet täglich 9 bis 20 Uhr, oder beim Bootshaus Marienhof, Marienhof 4, Telefon 606 66 77, geöffnet Dienstag bis Sonntag, 10 bis 20 Uhr.

Duvenstedter Brook

Einzelne, im Moorwasser stehende tote Birkenstämme verraten etwas über die jüngere Vergangenheit des Duvenstedter Brooks, mit 780 Hektar eins der größten Naturschutzgebiete Hamburgs. Seit den zwanziger Jahren hatte man weite Teile der von der letzten Eiszeit hinterlassenen Moore, Feuchtheiden, Nasswiesen, Bruch- und Auwälder durch Abtorfung und Entwässerungsmaßnahmen in landwirtschaftliche Nutzflächen umgewandelt. In den siebziger Jahren begann die Wiederbelebung der ehemals sehr abwechslungsreichen Landschaft. Durch Rückstaumaßnahmen, Zuschütten von Entwässerungsgräben und Renaturierung von Bachläufen gelang es, den ursprünglichen Zustand weitgehend wiederherzustellen. Moose wuchsen wieder, Bruchwald nahm zu und neue Feuchtwiesen entstanden. Vielen Birken dagegen wurde es zu nass: Sie starben ab. Tier- und Pflanzenwelt sind äußerst vielfältig. Sogar Kraniche nisten im Duvenstedter Brook.

Verkehrsanbindung

Der Duvenstedter Brook liegt im äußersten Nordosten Hamburgs. S-Bahn (S1. S11) bis Poppenbüttel, von dort mit dem Bus 276 bis zum Duvenstedter Triftweg, dann noch zwanzig Minuten Fußweg bis zum NABU-Informationshaus.

U-Bahn (U1) bis Ohlstedt, von dort drei Kilometer Fußweg **41**
(über Alte Dorfstraße, Timms Hege, Kupferredder) bis zum
Informationshaus.
Parkplatz gegenüber dem Informationshaus (Ecke Duvenstedter
Triftweg/Wiemerskamper Weg).

Wo die Kraniche brüten

Für den NDR-Naturfilm »Wildnis vor den Toren der Millionenstadt«
von Uwe Anders und Holger Vogt hat die Natur des Duvenstedter
Brooks die Dramaturgie geliefert. In jeder Jahreszeit zeigt sie sich
von einer neuen Seite. Ein Höhepunkt des Films ist die spektaku-
läre Brunft der Rothirsche, ein anderer sind die Einblicke in das
Leben der dort brütenden Kraniche. Die Stoffauswahl ist den Film-
machern sicherlich nicht leicht gefallen, denn im Laufe des Jahres
sind hier neben vielem anderen rund 180 Vogel-, 38 Säugetier-,
10 Amphibien-, 7 Reptilien-, 33 Tagfalter- und 32 Libellenarten zu
beobachten. Die Pflanzenwelt ist mit mehr als 500 Arten äußerst
zahlreich vertreten. Im Frühjahr bringen Frühblüher wie Huflattich,
Scharbockskraut und Buschwindröschen Farbe in die Natur, veranstalten die Frösche ihr Konzert und stimmt die Vogelschar ihre
Lieder an. Der Sommer ist die Zeit der Insekten. Im Herbst, wenn
die Kraniche fortziehen, die Hirsche röhren und die Pilze aus dem
Boden kommen, sorgen Beeren und Laub für eine neue Farbpa-
lette. Auch im Winter hat der Duvenstedter Brook seinen Reiz:
Trupps kleiner Vögel bringen Leben in das Bild. Mit unablässigem
zarten Gezwitscher sind sie im Gezweig von Erlen und Birken auf
Nahrungssuche und fliegen wie auf Kommando einen Baum weiter. Es sind zumeist Wintergäste aus dem Norden, wie Birkenzei-
sig, Erlenzeisig und Bergfink.
Unweit des NABU-Informationshauses, wo sich der Duvenstedter
Triftweg von einer Autostraße in einen asphaltierten Wanderweg
verwandelt, befindet sich der Haupteingang zum Naturschutzgebiet. Wir entscheiden uns für den Pfad, der rechts vom Triftweg
und parallel dazu an einem offenen Wiesengelände entlangführt.
Linker Hand begleitet ein mit Laubbäumen bewachsener Erdwall
den Weg, vermutlich ehemals ein Knick. Eine rohe Holzbank lädt
dazu ein, sich von der Morgensonne an diesem Sonntag im Mai
bescheinen zu lassen und den Blick in die Landschaft zu genießen. Ein großer Vogel fliegt mit gemächlichen Flügelschlägen einer

Baumreihe in der Ferne zu, lässt gelegentlich ein kurzes klangvolles »grog« hören und gibt sich damit als Kolkrabe zu erkennen. Wir lassen die Pause nicht zu lang werden. Bei der nächsten Möglichkeit verlassen wir den schmalen Weg und wandern nun auf dem Hauptweg weiter. Er führt über die Röthbek hinweg, die sich hier durch einen Erlenbruch schlängelt. Irgendwo trommelt ein Kleinspecht. Wo sich ein aufgelockerterer Bruch mit vielen Birken und Weidengebüsch anschließt, ruft ein **Pirol**. Er ist wohl vor kurzem erst aus seinem afrikanischen Winterquartier zurückgekehrt. Vogel Bülow ist der volkstümliche Name für den kontrastreich gelb und schwarz gefiederten und damit exotisch anmutenden Vogel. Der Adelsname bot sich für die lautmalerische Wiedergabe seines melodischen Rufes an. Es gelingt uns nicht, den Vogel auszumachen, was kein Wunder ist, denn der Pirol hält sich gern im Blattwerk von Baumkronen verborgen.

Wo der Reitweg nach rechts abbiegt, endet der Asphalt. Links vom Weg abgestorbene Birken: Sie haben die Vernässung im Zuge der Renaturierung nicht überstanden. Eindrucksvolle Baumpilze wachsen an den toten Stämmen. Nur wenige Schritte weiter ändert sich die Aussicht. Statt auf Pionierbruch haben wir jetzt weiten Blick auf Moorheide mit Moosbeere, Wollgras und Glockenheide. Hier kommt auch der seltene Sonnentau vor. An trockeneren Stellen wachsen Pfeifengras, Besenheide und vereinzelt Birken. Im Graben am Wegesrand fließt braunes Moorwasser. Ein Schwarzspecht meldet sich mit seinem weithin hörbaren »klöh«. Bald kommen wir zur Revierförsterei und machen den Abstecher zur Beobachtungshütte des NABU. Durch die Fenster blicken wir auf Moorgewässer und entdecken Stockenten, ein Krickentenpaar und einige Bläss- und Teichhühner. Wieder auf dem Wanderweg, überqueren wir die Ellernbek und nutzen den mit Nadelbaumzweigen getarnten Beobachtungsplatz für einen Blick in das moorige Wiesengelände links vom Weg. Eine Informationstafel verspricht Kranich, Wildschwein, Reh-, Rot- und Damwild. Davon ist jetzt allerdings nichts in Sicht. Dafür fliegt ein **Kuckuck** zum nahen Erlenbruch. Mit seinem langen Schwanz und den raschen Flügelschlägen ähnelt er einem fliegenden Falken. Durch das Glas sehen wir ihn in einer Erle sitzen. Es dauert nicht lange, bis sein Revierruf ertönt. Die langen, spitzen Flügel hängen dabei etwas herab, und der Schwanz ist leicht aufgestellt. Der Aberglaube traut dem Kuckuck Wahrsagekraft zu: Wenn man

ihn hört und Geld bei sich hat, geht einem das ganze Jahr lang
das Geld nicht aus.

Weiter geht es auf dem Duvenstedter Triftweg. In einiger Entfernung links vom Weg mehrere Kopfweiden an einem Graben. Ihre
charakteristische Form geht darauf zurück, dass man ihnen
früher regelmäßig die ein- bis vierjährigen Triebe abschnitt, um
daraus Körbe zu flechten. Heckenbraunelle, Klappergrasmücke
und Sumpfmeise singen um die Wette. Wir haben eine schöne
Aussicht auf eine weitläufige Wiesenlandschaft. Wo sich die Röhrichtzone verschiedener Moorgewässer vermuten lässt, fliegt
ziemlich niedrig ein etwa bussardgroßer Greifvogel. Mit seinen
schlanken Flügeln und langen Schwanzfedern bietet er aber ein
anderes Bild. Es ist eine **Rohrweihe**, und zwar ein Männchen. Mit
v-förmig nach oben abgewinkelten Schwingen segelt es langsam
über das Gelände, manchmal sorgen weiche Flügelschläge für
neuen Auftrieb. Es sucht wohl nach Bisamratten, Blässhühnern,
Fröschen, größeren Libellen und anderer Beute. Damit versorgt
es auch das Weibchen und den Nachwuchs, die in ihrem Nest im
Röhricht hungrig auf seine Rückkehr warten. Außer der Rohrweihe brüten auch andere gefiederte Jäger im Duvenstedter Brook:
Mäusebussard, Sperber, Habicht, Wespenbussard, Baumfalke
und Turmfalke. 1999 baute hier sogar ein Seeadler-Paar einen
Horst, gab ihn aber auf, bevor es zur Brut kam. Als die Rohrweihe
aus unserem Blickfeld verschwindet, setzen wir uns wieder in Bewegung. Beim Försterhaus biegen wir nach links ab. Aus den
Wiesen mit einzelnen Bäumen ist ein Baumpieper zu hören. Mit
geruhsamem Flügelschlag überquert ein Graureiher die feuchte
Grasflur.

Schon bald gelangen wir an eine Wegkreuzung und halten uns
links. Auf der rechten Seite beweiden einige genügsame Galloway-Rinder die Wiesenflächen. Von den kleinen Teichen rechts
und links des Wanderweges her grüßen uns die Frösche mit lautem Konzert. Die Musikanten sind überwiegend Moor- und Wasserfrösche. An den Ufern blühen Echtes Mädesüß, Wasser-
Schwertlilie, Sumpfdotterblume und andere an nasse Standorte
angepasste Pflanzen. Schmetterlinge gaukeln in der warmen Luft,
und grazile Libellen machen Jagd auf Mücken und Fliegen. Wir
gehen weiter geradeaus und kommen zu einem Beobachtungsplatz links am Weg. Unser Blick fällt auf Wiesen, auf nasse Grasfluren mit kleinen Teichen und auf Erlenbruch. Im Fernglas er-

kennen wir drei Graugänse, vielleicht auf dem Weg zum großen Moorsee mit seinem Röhrichtgürtel. Vor dem Bruchwald ein großer Vogel mit langen Beinen und langem Hals: ein **Kranich.** Er sucht nach Nahrung. Immer wieder verschwinden Kopf und Hals im hohen Gras. Die scheuen Kraniche brüten seit 1981 im Duvenstedter Brook. Zuerst nur ein Paar. Mittlerweile kommen bis zu sechs Kranichpaare hierher. Seit vielen Jahren wachen ehrenamtliche NABU-Mitarbeiter von Ende März bis Ende Juni darüber, dass die Kraniche unbehelligt ihren Nachwuchs großziehen können. Wir schwenken unser Glas weiter nach rechts und entdecken stattliche Baumnester von Graureihern, die hier im Brook eine große Kolonie mit bis zu fünfzig Brutpaaren bilden. Bäume als natürliche Niststandorte sind schon Mangelware geworden, so dass einige Reiher sogar am Boden brüten. Reichlich von der Natur beschenkt, marschieren wir in Richtung Wiemerskamper Weg, auf dem es dann nach links zurück zum Informationshaus geht.

Steckbriefe

Pirol

Kennzeichen: Länge 24 cm; das Männchen ist kontrastreich gefärbt: Rücken, Kopf, Brust und Bauch leuchtend gelb, Flügel und Schwanz schwarz. Beim Weibchen sind Kopf und Rücken gelblich grün. Flügel und Schwanz dunkel. Die weißliche Unterseite leicht gestreift.

Stimme: Das wohlklingende kurze »düdlio« ist leicht nachzupfeifen. Die krächzenden Warnrufe erinnern an die Laute der Eichelhäher.
Lebensraum: Parks mit altem Baumbestand, große Obstgärten, Laubwälder, Auwälder.
Sonstiges: Zugvogel. Von April/Mai bis August/

September bei uns. In Hamburg selten geworden. Der Pirol hat viele zentrumsnahe Brutplätze wie etwa den Stadtpark oder den Altonaer Volkspark aufgegeben.

Kuckuck

Kennzeichen: Länge 33 cm; Kopf, Brust und Oberseite blaugrau, quergebänderter weißer Bauch; langer Schwanz und spitze Flügel. Bei Weibchen gibt es eine Farbvariante, die aber nur selten zu sehen ist: Kopf, Brust und Oberseite sind rotbraun. Fast das gesamte Gefieder ist quergebändert.

Stimme: Ein tiefes »kuckuck«, ist weithin hörbar. Ruf ein heiseres »hach«. Der Kuckuck ist manchmal auch in der Nacht zu hören.

Lebensraum: Da der Kuckuck seine Eier in die Nester anderer Vögel legt, ist sein Lebensraum von dem seiner Wirtsvögel abhängig und entsprechend vielfältig.

Sonstiges: Zugvogel. Überwintert in Afrika. Von Mai bis September bei uns. Der Nestparasit ist im Alten Land und in den Vier- und Marschlanden stark vertreten, wo besonders die dort häufigen Sumpf- und Teichrohrsänger ihm als Wirtsvögel dienen.

Rohrweihe

Kennzeichen: Länge 52 cm; lange Flügel und langer Schwanz charakterisieren das Flugbild der Rohrweihe. Das Männchen überwiegend braun mit grauem Schwanz und grauen Flügelflecken; Weibchen mehr dunkelbraun, Kopf und Nacken rahmfarben.

Stimme: Lautäußerungen sind selten zu hören. Balzruf ein nasales »quiä«, bei Störungen ein schnelles Keckern.

Lebensraum: Gebiete mit Schilfbeständen (Seen, Flüsse, feuchtes Grünland, Moore).

Sonstiges: Zugvogel. Von März/April bis September/Oktober

bei uns. Die Trockenlegung von
Feuchtgebieten sowie Störungen durch Angler und Wassersportler lassen den Gesamtbestand in Hamburg schrumpfen.

Kranich

Kennzeichen: Länge 115 cm; großer, langbeiniger Vogel mit langem Hals; Gefieder schiefergrau; die stark verlängerten Schulter-

federn hängen buschig über den Schwanz herab; seitlich am schwarzen Kopf und Hals ein weißer Streifen.

Stimme: Bei der Balz und im Fluge erschallt das typische Trompeten.

Lebensraum: Moore, feuchtes Grünland und Bruchwälder.

Sonstiges: Überwintert in Spanien und Nordafrika. Von März/April bis September/Oktober bei uns. Kraniche ziehen in V-Formation. Sie brüten in Hamburg nur im Duvenstedter Brook.

Hier vorkommende Brutvögel

Amsel, Bachstelze, Baumfalke, Baumpieper, Bekassine, Blässhuhn, Blaumeise, Bluthänfling, Braunkehlchen, Buchfink, Buntspecht, Dorngrasmücke, Eichelhäher, Eisvogel, Feldlerche, Feldschwirl, Fichtenkreuzschnabel, Fitis, Gartenbaumläufer, Gartengrasmücke, Gartenrotschwanz, Gebirgsstelze, Gelbspötter, Gimpel, Goldammer, Graugans, Graureiher, Grauschnäpper, Grünfink, Grünspecht, Habicht, Haubenmeise, Heckenbraunelle, Karmingimpel, Kernbeißer, Kiebitz, Klappergrasmücke, Kleiber, Kleinspecht, Kohlmeise, Kranich, Krickente, Kuckuck, Mäusebussard, Misteldrossel, Mittelspecht, Mönchsgrasmücke, Nachtigall, Neuntöter, Pirol, Rabenkrähe, Reiherente, Ringeltaube, Rohrammer, Rohrschwirl, Rohrweihe, Rotkehlchen, Schlagschwirl, Schnatterente, Schwanzmeise, Schwarzspecht, Singdrossel, Sommergoldhähnchen, Sperber, Sprosser, Star, Stieglitz, Stockente, Sumpfmeise, Sumpfrohrsänger, Tannenmeise, Teichhuhn, Teichrohrsänger, Trauerschnäpper, Tüpfelsumpfhuhn, Turmfalke, Wachtelkönig, Waldbaumläufer, Waldkauz, Waldlaubsänger, Waldohreule, Waldschnepfe, Wasserralle, Weidenmeise, Wespenbussard, Wiesenpieper, Wintergoldhähnchen, Zaunkönig, Zilpzalp, Zwergtaucher.

Tipps

Jedes Jahr von April bis Juni veranstaltet der NABU vogelkundliche Kurzwanderungen im Duvenstedter Brook. Informationen: Telefon 697 08 90.

Eine gute Gebietskarte hat das Naturschutzamt der Umweltbehörde Hamburg herausgegeben (Telefon 34 35 36). Näheres zur Brook-Landschaft ist im Naturschutz-Informationshaus des NABU am Duvenstedter Triftweg 140 zu erfahren (Telefon 607 24 66): im Februar, März, November am Samstag von 12 bis 16 Uhr und an Sonn- und Feiertagen von 10 bis 16 Uhr geöffnet, von April bis Oktober von Dienstag bis Freitag 14 bis 17 Uhr, am Samstag 12 bis 18 Uhr, an Sonn- und Feiertagen 10 bis 18 Uhr geöffnet. Das Info-Haus bietet auch Führungen und weitere naturkundliche Veranstaltungen an.

Hunde sind im Brook nicht zugelassen.

Auch im Herbst lohnt sich ein Besuch im Naturschutzgebiet. Dann lassen sich die Hirsche bei ihrer eindrucksvollen Brunft beobachten.

Zwei Restaurants an der Herrenhausallee (20 Minuten Fußweg vom Info-Haus entfernt): »Zum Bäcker« (Telefon 60 76 53 97) und »Wohldorfer Mühle« (Telefon 60 76 65-0). Beide sind täglich von 12 bis 22 Uhr geöffnet.

Höltigbaum

Wenn früher die Lübecker auf der Kutschfahrt nach Hamburg an der Wegezoll-Station Höltigbaum Station machten, umgab sie ländliche Stille. Damit war es vorbei, als dort 1937 ein Truppenübungsplatz eingerichtet wurde. Bis 1945 pfiffen die Kugeln und gellten Kommandos. 1958 war es mit der Ruhe wieder aus. Nun röhrten dort die Panzer der Bundeswehr. Ein Nebeneffekt der militärischen Nutzung: Innerhalb der Einzäunung gab es genug unberührte Stellen als Rückzugsgebiete vieler Tier- und Pflanzenarten. Hier waren sie nicht nur ungestört, sondern blieben auch von Pestiziden und Düngemitteln verschont. 1992 gab die Bundeswehr das Gelände auf. Naturschützern ist es zu danken, dass Höltigbaum mit seiner offenen, von Knicks und Bachläufen durchzogenen Hügellandschaft 1998 zum Naturschutzgebiet erklärt wurde. Es ist 152 Hektar groß und bildet mit dem Stellmoorer und dem Ahrensburger Tunneltal eine teils auf Hamburger, teils auf Schleswig-Holsteiner Gebiet liegende weiträumige Einheit von insgesamt rund 550 Hektar.

*Das Naturschutzgebiet Höltigbaum liegt
im Nordosten Hamburgs.
S-Bahn (S4) bis Rahlstedt, von dort
Buslinien: 24 bis Hellmesbergerweg
oder 264 bis Eichwischen.
Parkplätze an den südlichen Eingän-
gen.*

Friede der Natur am Höltigbaum

Am Höltigbaum hat man die Enge und
Hetze der Millionenstadt längst hinter
sich gelassen. Der Blick kann in die
Weite der leicht hügeligen, von den
Gletschern der letzten Eiszeiten ge-
formten Landschaft schweifen. Feuchtwiesen wechseln mit Magerrasen ab,
Bruchwäldchen in Senken mit Ge-
büschgruppen. Ab und zu ein einzeln
stehender Baum. Für den aufmerk-
samen Naturfreund ist hier manches zu
entdecken. 223 Pflanzenarten wurden gezählt, darunter das
Breitblättrige Knabenkraut, eine unserer einheimischen Orchideen, und das seltene Tausendgüldenkraut. Neben anderen Insekten und manchen Spinnen sind auch die Schmetterlinge reich
vertreten, und zwar mit 21 Tag- und 189 Nachtfalterarten. Viele
davon stehen in der Roten Liste.
Die Vogelwelt findet einen reich gedeckten Tisch. Eine Zählung
ergab 117 Arten, 65 davon brüten hier. Natürlich kommen Rotkehlchen, Ringeltaube, Kohl- und Blaumeise vor, aber auch Seltenheiten wie der Wachtelkonig, das Braunkehlchen und der
Steinschmätzer. Im Rahmen des Erprobungs- und Entwicklungs-
vorhabens »Halboffene Weidelandschaft Höltigbaum« des Bun-
desamtes für Naturschutz und der Stiftung Naturschutz Schles-
wig-Holstein sind 220 Hektar des Areals schottischen Hochland-
Rindern und Heidschnucken vorbehalten. Diese genügsamen
»Öko-Rasenmäher« weiden dort das ganze Jahr über. Sie sollen
den immer wieder aufkommenden Bewuchs niedrig halten, damit

die Landschaft nicht von Buschwerk oder Birkenwäldchen über-
wachsen wird.

Von der stark befahrenen Straße Höltigbaum her passieren wir das
Squash-Center am Eichberg. Noch sieht es nicht nach Naturschutzgebiet aus, denn es geht zuerst am Parkplatz vorbei, wo zu
dieser Vormittagsstunde im Juni bereits einiger Betrieb herrscht.
Auch auf dem Hundeauslaufgebiet linker Hand ist was los. Es wurde eingerichtet, um die bewegungsfreudigen Vierbeiner von Aus-
flügen ins Schutzgebiet abzuhalten. Wo der Asphalt endet, der
Weg nach links führt und leicht ansteigt, stehen der Pflegehof und
das für Besucher offene Büro des Beweidungsprojekts. Jetzt bringen sich die Vögel in Erinnerung. In geschwindem Wellenflug fliegt
eine Bachstelze über uns hinweg. Durch das Knirschen unserer
Schritte auf dem sandigen Weg hören wir auch ihren Flugruf:
»zilipp«. Und aus einem Weißdorn- und Heckenrosen-Gestrüpp in
der Nähe lässt die Klappergrasmücke ihr eintöniges Klappern
vernehmen. In einiger Entfernung vor uns sitzt auf einem Pfahl der
Weidegebiet-Einzäunung ein **Neuntöter**. Durch das Glas sehen wir
deutlich seine schwarze Banditenmaske. Er scheint einen größeren Käfer im Schnabel zu halten. Er lässt uns nicht sehr nahe
herankommen, fliegt ab und verschwindet im Laub eines Weiß-
dorns. Vermutlich spießt er nun seine Beute auf einen Dorn, um
sie später zu verspeisen. Der Neuntöter ist bekannt für diese Art
Vorratswirtschaft. Etwas größere Beute, wozu auch Eidechsen und
Mäuse gehören können, klemmt er wohl auch in Zweiggabeln. Hat
er seine Beute auf diese Weisen fixiert, kann er sie besser zerklei-
nern. Seinen Namen verdankt er der einstigen Annahme, er
müsse erst neun Beutetiere beisammenhaben, bevor er sich darüber hermacht. Wenn der Neuntöter längst in den Süden gezogen
ist, stellt sich vielleicht auch einmal sein größerer Vetter, der Raub-
würger, am Höltigbaum als Wintergast ein.

Über einer Wiese mit allerlei duftend blühenden Wildkräutern tan-
zen Schmetterlinge in der lauen Luft: Bläulinge, Dickkopffalter,
Landkärtchen, Ochsenauge, Admiral, Tagpfauenauge, Kleiner
Fuchs … In einem Traubenkirschenstrauch turnt ein Schwanz-
meisenpaar, ein paar Schritte weiter huscht eine Zauneidechse in
Deckung, die sich am Wegrand von der Sonne hat wärmen lassen.
Quer über den Weg hastet ein dunkelbrauner Laufkäfer und
verschwindet im Gras des Wegrains. Rechts im Weidegelände
singt ein **Gelbspötter** sein auffälliges, anscheinend nicht enden

wollendes Lied, mal melodiös und harmonisch, mal in dissonan-
tisch »schrägen« Tönen. Der Gesang kommt von einer kleinen
Baumgruppe her, und bei genauerem Hinsehen entdecken wir
den Vogel, wie er im Gezweig einer Eiche singend umherhüpft.
Manchmal leuchtet sein gelbes Brustgefieder hell auf, wenn ihn
ein Sonnenstrahl trifft. Der Gelbspötter ist für seine gekonnten Imitationen der Stimmen anderer Vögel bekannt, und tatsächlich hören wir jetzt einen Blaumeisenruf und gleich darauf das »pickwer-
wick« der Wachtel heraus. Bei einer nicht zu identifizierenden
Lautfolge haben wir den Verdacht, er könnte sie in seinem afrikanischen Winterquartier einem dort lebenden Vogel abgelauscht
haben. Mit diesem Spotten, das ihm den Namen eingetragen hat,
steht er in der Vogelwelt keineswegs alleine: Rohrsänger, Stare,
Eichelhäher und Singdrossel, um nur einige zu nennen, sind auch
groß darin.

Wo uns der Weg über eine der alten betonierten Versorgungs-
straßen hinwegführt, kommt unübersehbar der Telekom-Sende-
mast in den Blick. Zwei Rabenkrähen fliegen unausgesetzt An-
griffe auf einen Mäusebussard, bis dieser wehrhafte Greifvogel
entnervt das Weite sucht. Der Sieg über den Feind wird mit trium-
phierendem Gekrächze gefeiert. Wieder auf dem Sandweg,
schauen wir links auf den von Erlen und Weiden dominierten
Bruchwald, der den Wandse-Lauf begleitet und auch den
Mönchs-Teich verbirgt. Rechts erstreckt sich eine Grasflur mit
vereinzelten Buschgruppen. Dort hält sich ein **Feldschwirl** versteckt. Wir können nach dem Gehör ungefähr seinen Standort
lokalisieren, sehen ihn aber nicht. Typisch für ihn, denn der
unscheinbar grau gefiederte Vogel hält sich überwiegend am Boden auf, wo ihm Gras, Kräuter und Stauden Deckung bieten. Gelegentlich nur sucht er sich einen etwas kräftigeren Stängel als
Singwarte und wäre dann auch einmal zu sehen. Unser Feldschwirl jedoch zieht es vor, vom Boden aus zu singen. So bleibt
uns nur der Eindruck seines Gesangs: ein lang anhaltendes
Schwirren, das leise einsetzt und allmählich lauter wird. Wer sich
mit Vogelstimmen noch nicht so gut auskennt, könnte eine Grille
oder eine Heuschrecke für den Urheber halten. Im unmittelbar
benachbarten Stellmoorer Tunneltal brütet der Schlagschwirl, ein
größerer Verwandter. Dessen Gesang ist lauter als der des Feld-
schwirls und nicht so gleichförmig, sondern durch kleine Interval-
le rhythmisch gegliedert.

Nach wenigen hundert Metern endet der Sandweg an einer weiteren befestigten Straße. Nun geht es nach rechts und an einem abgesperrten Gelände entlang, wo der Kampfmittelräumdienst Blindgänger lagert und bei Bedarf sprengt. Auf der Suche nach dem Aussichtspunkt, den die Karte des Hamburger Naturschutzamtes empfiehlt, halten wir uns an der nächsten Wegkreuzung links und gelangen bald an eine erhöhte Fläche mit Rundumblick. Nach Südosten hin schaut man in den schleswig-holsteinischen Teil des Schutzgebiets Höltigbaum. Hier brüten Feldlerchen, von denen sich aber in diesem Moment keine sehen lässt. Enttäuscht gehen wir vom »Feldherrnhügel« zurück zur Straße und weiter in Richtung unseres Ausgangspunktes. Wir begegnen nicht nur Inline-Skatern und Radfahrern, sondern hören plötzlich doch noch das Lied einer **Feldlerche**. Hoch oben in der Luft scheint sie immer weiter aufsteigen und mit ihrem Tirilieren nie aufhören zu wollen. Diese Lerche hat sich offenbar auf dem Gelände des Beweidungsprojekts einen Nistplatz gesucht. Wir sehen auch, wie sie zuerst langsam gleitend, zum Schluss verstummend und wie ein Stein fallend, zum Boden zurückkehrt. Dort ist vermutlich ihr Nest im Gras versteckt. Die Lerche hat uns einen schönen Ausklang beschert, bevor uns das neu entstehende Gewerbegebiet vor Augen kommt. Wir haben aber die Rechnung ohne die Feldsperlinge gemacht. Aus einem ausgedehnten Weißdorngebüsch heraus stürzen sie sich scharenweise zum Fressen auf die von verschiedensten Kräutern überwucherte Brache.

Steckbriefe

Neuntöter

Kennzeichen: Länge 17 cm; rotbrauner Rücken, hellgrauer Scheitel und auffallende schwarze Augenmaske. Weibchen insgesamt weniger kontrastreich gefärbt. Die Spitze des Oberschnabels hakig nach unten gebogen.

Stimme: In den leisen und entfernt an den Sumpfrohrsänger erinnernden Gesang sind Imitationen anderer Vogelstimmen eingemischt. Er ist nur selten zu hören. Besonders in Erregung auch kurze heisere und raue Rufe, wie »wäw« und »tschäk«.

Lebensraum: Offene und halb offene Landschaften mit Gebüschen, Hecken und Einzelbäumen. *Sonstiges:* Zugvogel mit Winterquartieren bis hinunter nach Südafrika. Von Mai bis August bei uns. In Hamburg recht selten.

Gelbspötter

Kennzeichen: Länge 14 cm; Brust und Bauch hellgelb, Rücken graugrün.
Stimme: Lauter, lang anhaltender, vielseitig variierter Gesang aus teils melodischen, teils auch misstönigen Motiven mit häufiger Motivwiederholung und vielen Imitationen anderer Vogelstimmen. Beim Singen huscht der Vogel emsig von Zweig zu Zweig.

Lebensraum: Gärten, Parks, Friedhöfe, lichte Wälder, landwirtschaftlich genutzte Regionen mit Feldgehölzen.
Sonstiges: Zugvogel. Von Mai bis August bei uns. In Hamburg vor allem an den Rändern des Stadtgebiets zu beobachten; früher waren auch manche innerstädtische Garten- und Parkareale besiedelt.

Feldschwirl

Kennzeichen: Länge 13 cm; unauffällig graubraun.
Stimme: Gesang ein weit zu hörender, lang anhaltender schwirrender Ton, der an Grillen oder Heuschrecken denken lässt.

Lebensraum: Offenes Gelände mit dichter Krautvegetation, feuchte Wiesen mit Gebüschen und Stauden, auch Heideflächen.

Sonstiges: Zugvogel. Von April/Mai bis August/September bei uns. Gut zu hören, aber schwer zu Gesicht zu bekommen, da versteckt in Bodennähe lebend.

Feldlerche

Kennzeichen: Länge 17 cm; Gefieder oben graubraun mit schwärzlicher Strichelung, am Bauch weißlich. Die Kopfhaube nicht so stark ausgeprägt wie bei der Haubenlerche.

Stimme: Typisches Tirilieren beim Singflug des Männchens. Vielfältige Motive werden klangschön, ausdauernd und weithin hörbar vorgetragen. Gelegentlich kürzere Gesänge am Boden oder von niedriger Warte aus. Gesang ist vielfach schon im Februar und selbst noch im November zu hören.

Lebensraum: Offenes Gelände, wie Wiesen, Viehweiden, Äcker, Moorgebiete und Heiden.

Sonstiges: Ein Teil der Feldlerchen zieht September/Oktober fort und kehrt Februar/März zurück, die Übrigen bleiben hier. Als Liebhaber weiter, einsehbarer Flächen haben sich die Vögel sogar den Hamburger Flughafen als Lebensraum gewählt.

Hier vorkommende Brutvögel

Amsel, Bachstelze, Baumpieper, Blaumeise, Bluthänfling, Braunkehlchen, Buchfink, Buntspecht,
Dorngrasmücke, Eichelhäher, Elster, Fasan, Feldlerche, Feldschwirl, Feldsperling, Fitis, Flussregenpfeifer, Gartenbaumläufer, Gartengrasmücke,
Gartenrotschwanz, Gelbspötter, Gimpel, Goldammer, Grauschnäpper, Grünfink, Heckenbraunelle, Kernbeißer, Kiebitz, Klappergrasmücke,
Kohlmeise, Krickente, Kuckuck, Mäusebussard,
Misteldrossel, Mönchsgrasmücke, Nachtigall,
Neuntöter, Rabenkrähe, Ringeltaube, Rohrammer, Rotkehlchen, Schafstelze, Schwanzmeise,
Singdrossel, Sprosser, Star, Steinschmätzer, Stieglitz, Stockente, Sumpfmeise, Sumpfrohrsänger,
Tannenmeise, Trauerschnäpper, Türkentaube,
Turmfalke, Wachtel, Wachtelkönig, Waldbaum-
läufer, Waldohreule, Weidenmeise, Wespen-
bussard, Wiesenpieper, Wintergoldhähnchen,
Zaunkönig, Zilpzalp.

Tipps

Von April bis Juni veranstaltet der NABU vogelkundliche Spaziergänge am Höltigbaum. Genaueres ist unter der Telefonnummer 697 08 90
zu erfragen. Beim NABU ist auch eine Broschüre
über das Gebiet Höltigbaum erhältlich. Eine gute
Gebietskarte hat das Naturschutzamt der
Umweltbehörde Hamburg herausgegeben (Telefon 34 35 36).
Der NABU und der Verein Jordsand bieten im
Rahmen ihres Umweltbildungsprogramms Höltigbaum auch noch weitere interessante naturkundliche Veranstaltungen an. Nähere Informationen unter Telefon 69 70 89 12 (NABU) und
(0 41 02) 3 26 56 (Verein Jordsand). Jedes Jahr im
September stellen sich die betreuenden Natur-
schutzverbände am »Höltigbaumtag« mit einem
bunten Programm für Jung und Alt vor.

Öjendorfer See

Wo man einst Sand zur Aufschüttung der Horner Marsch abbaute und nach dem Zweiten Weltkrieg Trümmer aus dem zerbombten Hamburg zu Hügeln aufschüttete, laden heute ein See zum Baden und eine freundliche Parklandschaft zum Spazieren und Verweilen. Die Gestaltung als große Grünanlage begann Ende der fünfziger Jahre. Inzwischen ist der Park, im Winkel der Autobahnen A 1 und A 24 gelegen, längst ein beliebtes Naherholungsgebiet. Der künstlich angelegte, aus dem Schleemer Bach gespeiste See, mit rund 50 Hektar etwa doppelt so groß wie die Binnenalster, dominiert das Gelände. Bis Mitte der achtziger Jahre wurde das Wasser regelmäßig im Herbst zum Abfischen abgelassen. Seit das nicht mehr geschieht, ist der See mit seinen fünf Inseln ein Eldorado für zahlreiche Wasservogelarten geworden. Sie bleiben allerdings nicht immer ungestört, denn wo sich viele Erholungssuchende treffen, ist es mit der Ruhe vorbei.

Der Öjendorfer See liegt am östlichen Stadtrand Hamburgs. U-Bahn (U3) bis Merkenstraße oder Steinfurther Allee. Buslinien: 10 bis Gleiwitzer Bogen oder 161 bis Friedhof Öjendorf. Parkplätze vom Barsbütteler Weg anzufahren sowie Ecke Bruhnrögenredder/Grootmoorredder.

Rund um den See

Für einen trainierten Jogger sind die gut drei Kilometer um den Öjendorfer See eine Sache von einer Viertelstunde. Naturfreunde brauchen weit mehr Zeit, denn es gibt einfach zu viel zu sehen. Der Vogelwelt bietet der See mit seinen Schilfzonen, seinen Inseln und der busch- und baumbestandenen Umgebung abwechslungsreich strukturierten Lebensraum. Eine NABU-Gruppe sorgt durch verschiedenste Pflegemaßnahmen für den Biotoperhalt. Mehr als 60 Vogelarten brüten hier. Beutelmeise, Rohrammer und verschiedene Rohrsängerarten, die woanders im Stadtgebiet kaum anzutreffen sind, haben am See und in Seenähe ein Quartier gefunden. Bis vor einigen Jahren nistete hier auch die insgesamt selten gewordene Rohrdommel. Inzwischen findet sie sich aber nur noch im Winter ein. Nicht auszuschließen ist, dass sich diese Art in der geschützten Schilfzone im nordöstlichen Teil des Sees wieder ansiedelt. Besonders gut lassen sich Wasservögel beobachten. Verschiedenste Arten in zum Teil großer Individuendichte nutzen Uferzonen, Wasserfläche und Inseln. Im Winter steuern Durchzügler und Wintergäste, wie Kraniche, Gänsesäger und Bartmeisen, den See an, wo es nicht ganz so unwirtlich ist wie in ihrem eisigen Norden und Nordosten. So wird der Vogelfreund auch in der kalten Jahreszeit seine Freude haben. Ist der See zugefroren, so dass wenig Wasservögel zu sehen sind, empfiehlt sich ein Spaziergang auf dem ausgedehnten Gelände des angrenzenden Friedhofs Öjendorf. Dort treiben sich hungrige Wintergäste, wie Zeisige, Hänflinge und manchmal auch Rotdrosseln und Seidenschwänze, in den Büschen und Bäumen herum.

An einem schönen klaren Januar-Vormittag beginnen wir an der NABU-Hütte nicht weit vom Parkplatz Bruhnrögenredder unseren Spaziergang. Vom Nordufer aus haben wir den See in seiner ganzen Länge im Blick. Er ist nicht zugefroren. Die künstlich abgeflachte und mit Kies aufgeschüttete Insel im Vordergrund soll Vogelarten wie dem Flussregenpfeifer eine Brutmöglichkeit bieten. Zwischen Ufer und Insel sind vier kleine Wasservögel rastlos unterwegs … plötzlich sind sie weg. An anderer Stelle sehen wir sie wieder auftauchen. Neugierig geworden, schauen wir durchs Fernglas: Mit Haubentauchern oder Blässhühnern haben diese Vögel nichts zu tun. Sie ähneln eher Enten. Es sind **Zwergsäger**, Wintergäste, die aus nördlichen Regionen zu uns gekommen sind. Die Mehrzahl hält sich an der Elbe auf, den Rest findet man auf kleineren Wasserläufen, Seen und Teichen. Unter Wasser jagen sie nach kleinen Fischen. Die Ränder von Ober- und Unterschnabel sind gezähnt wie eine Säge, so dass die schlüpfrige Beute besser festgehalten werden kann. Zum Brüten fliegen die Zwergsäger gegen Ende des Winters in den Norden zurück, wo sie in Wassernähe in Baumhöhlen brüten. Gern suchen sie sich unbewohnte Schwarzspecht-Höhlen. Mit etwas Glück lassen sich auf dem Öjendorfer See auch die größeren Gänsesäger beobachten. Dass man die selteneren Mittelsäger zu Gesicht bekommt, ist weniger wahrscheinlich. Beide Arten sind Verwandte des Zwergsägers, die uns ebenfalls nur im Winter besuchen.

Jetzt geht es das Westufer entlang Richtung Südspitze des Sees. Auf der größeren Insel linker Hand hatten sich hier brütende Kormorane einen Schlafplatz gesucht. Von ihrem ätzenden Kot sind die Pappeln zum Teil entlaubt und weiß getüncht. In einer Birke turnen mit unablässigem zarten Gezwitscher viele kleine Vögel emsig in den Zweigen herum und tun sich an Samen und Blattknospen gütlich. Wie auf Kommando verstummen sie plötzlich, und der ganze Schwarm fliegt zielstrebig einen anderen Baum an, wo das muntere Treiben weitergeht. Genaueres Hinsehen und

Hinhören ergibt, dass der vielzählige Trupp hauptsächlich aus Zeisigen und vereinzelten Finken anderer Arten besteht. Auch ein paar Meisen sind dabei. Auf der offenen Wasserfläche schwimmen geruhsam zwei Schwäne. Könnten es Höckerschwäne sein? Ein Blick durchs Glas schafft Klarheit: Der ausgeprägte gelbe Schnabelgrund ist typisch für den **Singschwan**. Wir haben es hier vermutlich nicht mit verstädterten Singschwänen zu tun, wie man sie im Oberalsterraum ganzjährig antreffen kann. Diese hier sind vielleicht aus Nordskandinavien zu uns gekommen, um sich dann im März auf die Rückreise in ihr Brutgebiet zu machen. Wie alle Schwäne neigen auch die Singschwäne zu dauerhafter Monogamie. Ein Paar, das sich einmal gefunden hat, bleibt meist lebenslang zusammen. Es wäre schön, wenn die beiden Singschwäne ihrem Namen Ehre machten und uns ihr Posaunen hören ließen, aber die Sänger schweigen. Stattdessen starten sie mit lautem Platschen und fliegen davon. Sie wissen wohl in der Nähe ein Feld mit Wintergetreide, für sie ein gefundenes Fressen.

Bevor wir die Südspitze des Sees umrunden, hören wir von der lang gestreckten Insel im Südteil her einen durchdringenden Eisvogelpfiff. Zwei der herrlich blauen, exotisch anmutenden Vögel hüpfen im Gezweig der Ufervegetation. Auf der Ostseite führt uns der Weg um ein Wäldchen herum. Ein Rotkehlchen singt zaghaft seine wehmütige Weise. Ebenso wie etwa Amsel und Zaunkönig singt es auch in der kalten Jahreszeit, wenn andere Vögel sich nur mit kurzen Rufen zu Wort melden. Im Winter erklingt sein Gesang aber nicht so oft wie im Frühling. Bald haben wir wieder freien Blick auf den See. Zwischen Schnatter-, Tafel-, Reiher- und Löffelenten fallen uns zwei Enten durch eigenartige Bewegungen ihres dunklen Kopfes auf. Sie recken ihn steil in die Höhe und werfen ihn auch mal bis auf den Rücken zurück. Die **Schellente** ist also auch vertreten. Hier machen zwei Erpel einem Weibchen den Hof. Wie auch Zwergsäger, Zwergtaucher, Stockenten und andere Wasservögel beginnen die Schellenten bereits im Winter ihre Balz. Als Tauchenten suchen sie sich ihre überwiegend tierische Nahrung unter Wasser: Schnecken, Krebstiere, Wasserinsekten, kleine Fische. Etwa im Februar werden die meisten Schellenten ihr Winterquartier verlassen und in ihre nordöstlich gelegenen Brutgebiete fliegen. Dort suchen sie sich gewässernahe Baumhöhlen zum Nisten. Einzelne Paare verzichten weise auf die anstrengende Reise und ziehen es vor, in unserer Region zu brüten. Ihren Namen verdanken die Schellenten dem typischen Fluggeräusch, das an Schellengeklingel denken lässt.

Wir wählen den Weg hinauf auf den Hügel, der mal ein Trümmerberg war. Von oben sehen wir im seichten Wasser vor der ufernahen kleinen Insel bewegungslos und wie mit hochgezogenen Schultern einen **Graureiher** stehen. Ob er sich gerade ausruht oder auf Fische lauert, lässt sich nicht sagen. Plötzlich beginnt er, mit vorgestrecktem Hals vorwärts zu hüpfen und mit kraftvoll rudernden Flügelschlägen abzufliegen. Sicher in der Luft, zieht er den Hals ein und strebt gemächlich davon. Bevor wir ihn aus den Augen verlieren, hören wir noch ein heiser krächzendes »kräich«, seinen Flugruf. Er könnte aus einer der Brutkolonien im Hamburger Raum stammen, die sich im Duvenstedter Brook, am Bramfelder See und in der Haseldorfer Marsch befinden. Im Winter streifen die Reiher weiträumig umher. In den Augen von Fischwirten und Anglern sind Graureiher ganz böse Gesellen, denn die großen Vögel bedienen sich am Fischbesatz, dessen Aufzucht gutes Geld gekostet hat. Lange Zeit wurden Graureiher deshalb stark bejagt. Inzwischen greifen Schutzbestimmungen, und die Bestände erholen sich etwas. Der Rundgang führt uns zum Nordufer zurück. Vorbei an der Schilfzone, in deren Schutz gelegentlich größere Trupps überwinternder Stare nächtigen. Ein letzter Blick auf den See: Die Zwergsäger sind jetzt nirgendwo zu sehen, dafür ruhen einige Lach- und Silbermöwen auf dem Wasser, Blässhühner verfolgen ihren unstetigen Kurs und tauchen immer wieder weg. Vom benachbarten Friedhof her fliegen sechs Graugänse an und kommen nach einer Halbkurve platschend auf den See nieder.

Steckbriefe

Zwergsäger

Kennzeichen: Länge 41 cm; Weibchen kleiner; Gefieder des Männchens überwiegend weiß, schwarzer Augenfleck, schwarzer Streif am Hinterkopf, weiße Kopfhaube; Weibchen dunkler, brauner Oberkopf, weiße Wangen.

Stimme: Nur selten zu hören. Balzruf der Männchen erinnert an das Geräusch, das entsteht, wenn ein Fingernagel über Kammzinken fährt.

Lebensraum: Baumumstandene Seen und Staubecken, Flüsse, auch an der Küste.

Sonstiges: Bei uns als Durchzügler oder Wintergast etwa von Oktober bis Februar. Brutgebiete hauptsächlich im Norden Skandinaviens und Russlands.

Singschwan

Kennzeichen: Mit einer Länge von 152 cm ebenso groß wie der Höckerschwan; Gefieder weiß, Schnabel gelb mit schwarzer Spitze.

Stimme: Recht häufiges lautes Trompeten.

Lebensraum: Küstengewässer, Seen, Flüsse, Sümpfe, Moore.

Sonstiges: Bei uns als Durchzügler oder Wintergast etwa von Ende Oktober bis Mitte März. Brutgebiete hauptsächlich Island, nordöstliches Skandinavien und nördliches Russland bis an den Pazifik. Vereinzelt brüten verstädterte Singschwäne auf Hamburger Gebiet.

Schellente

Kennzeichen: Länge 46 cm;
Gefieder des Männchens
schwarz und weiß, Kopf
schwarz mit deutlichem weißen Fleck zwischen
Auge und Schnabel; Weib-
chen überwiegend grau,
Kopf braun, weißer Halsring.

Stimme: Nur selten zu hören. Verschiedene Balzrufe der Männ-
chen je nach Balzpose, z. B. »krirr«, »rrrr« und »arrr«.
Lebensraum: Baumumstandene Binnengewässer, gelegentlich
an der Küste.
Sonstiges: Bei uns als Durchzügler oder Wintergast etwa von
Oktober bis Februar. Brutgebiete hauptsächlich nordöstliches
Deutschland und Skandinavien bis ins zentrale und nördliche
Russland.

Graureiher

Kennzeichen: Länge 90
cm; Gefieder überwie-
gend grau, schwarzer
Streif vom Auge bis zu
den schmalen schwar-
zen Schmuckfedern im
Nacken.
Stimme: Flugruf ein rau-
es »kräich«.
Lebensraum: Nähe von
Gewässern.
Sonstiges: Jahresvogel.
Nahrungsflüge führen
auch zu zentraler gele-
genen städtischen Ge-
wässern.

Hier vorkommende Brutvögel

Amsel, Bachstelze, Beutelmeise, Blässhuhn, Blaumeise, Bluthänfling, Buchfink, Buntspecht, Dorngrasmücke, Drosselrohrsänger, Eichelhäher, Elster, Fasan, Feldsperling, Fitis, Gartenbaumläufer, Gartengrasmücke, Gelbspötter, Gimpel, Graugans, Grauschnäpper, Grünfink, Habicht, Haubentaucher, Haussperling, Heckenbraunelle, Höckerschwan, Kernbeißer, Klappergrasmücke, Kleiber, Kohlmeise, Kormoran, Kuckuck, Mäusebussard, Misteldrossel, Mönchsgrasmücke, Rabenkrähe, Reiherente, Ringeltaube, Rohrammer, Rohrschwirl, Rohrweihe, Rotkehlchen, Schnatterente, Schwanzmeise, Silbermöwe, Singdrossel, Sommergoldhähnchen, Star, Stockente, Sumpfmeise, Sumpfrohrsänger, Tafelente, Tannenmeise, Teichhuhn, Teichrohrsänger, Trauerschnäpper, Waldohreule, Wasserralle, Weidenmeise, Wendehals, Wintergoldhähnchen, Zaunkönig, Zilpzalp, Zwergtaucher.

Tipps

Alljährlich von Ende März bis Anfang Juni veranstaltet der NABU vogelkundliche Kurzwanderungen im Öjendorfer Park und auf dem angrenzenden Friedhof. Im Winterhalbjahr finden einzelne Führungen zum Thema »Wintergäste und Durchzügler« statt; Termine sind zu erfragen. Information: Telefon 697 08 90.
Der Öjendorfer Park ist beliebter Ort für Freizeitaktivitäten. Wenn die Wasserqualität (regelmäßig überprüft) es erlaubt, kann an den beiden Badestellen gebadet werden, wobei die Inseln und die Schilfzonen zu meiden sind. Fütterung der Wasservögel und das Angeln sind verboten. Grillen unter freiem Himmel sollte sich auf die dafür vorgesehenen Stellen beschränken. Im Hügelgelände an der Ostseite des Sees lässt sich im Winter prima Rodeln. Ein Imbiss an der Südspitze des Sees bietet Stärkung und Erfrischung.

Boberger Niederung

Wer auf der großen Boberger Düne steht, könnte sich an die Nordsee versetzt fühlen. Das Meeresrauschen fehlt allerdings in diesem zwischen Bergedorf und Billwerder gelegenen Gebiet. Eiszeiten haben hier ihre Spuren hinterlassen. Heute finden sich nur noch Reste der ehemals ausgedehnten Binnendünenlandschaft. Seit 1840 wurden die meisten der bis zu dreißig Meter hohen Dünen abgetragen. Unmengen von Sand benötigte man für die Aufschüttung der Bahntrasse Hamburg–Bergedorf sowie dann später der Stadtteile Hammerbrook und Billbrook. Die große Boberger Düne ist Teil der Boberger Niederung, eines Mosaiks unterschiedlichster Biotope mit artenreicher Tier- und Pflanzenwelt: Heideflecken, Trockenrasen, Eichen-Birken-Waldungen, Erlenbruchwald,Niedermoore, Gewässer, Wiesen und Weiden. Seit 1991 ist diese 350 Hektar große Fläche Naturschutzgebiet.

Verkehrsanbindung

Das Naturschutzgebiet Boberger Niederung liegt im Osten Hamburgs, südlich der B5.
U-Bahn (U3) bis Mümmelmannsberg. Weiter mit der Buslinie 12 bis zur Haltestelle Schulredder. Von dort fünfzehn Minuten Fuß-

*weg über Schulredder und Boberger Furt zum
Naturschutz-Informationshaus Boberger Furt 50.
S-Bahn (S2, S21) bis Mittlerer Landweg, von
dort mit dem Bus 221 bis zum Boberger Furtweg (fährt an Werktagen stündlich, an Wochenenden nur alle zwei Stunden). Nach rund
hundert Metern erreicht man das Informationshaus.
Parkplatz an der Boberger Furt, rund 150 Meter
vom Informationshaus entfernt.*

Dünensand und Waldesrand

Wie wohl die große Boberger Wanderdüne aus der
Vogelperspektive des Segelfliegers aussieht, der
vom Segelflugplatz Boberg aufgestiegen ist und in
der Thermik seine Kreise zieht? Dem Wanderer
mag das Sandgebirge zunächst als lebensfeind-
liche Wüste erscheinen. Nur spärlich ist der Dünensand von
Birken, Heide, Sandsegge, Silbergras und Strandhafer bewachsen. Man weiß jedoch, dass hier eine Vielzahl von Insektenarten zu
finden ist, die gut an die Trockenheit und die starken Temperatur-
unterschiede durch Aufheizung am Tage und Abkühlung in der
Nacht angepasst sind. So leben hier Wärmeliebhaber wie Sand-
wespe, Wegwespe, Sandbiene, Sandlaufkäfer und Ameisenlöwe.
Im Trockenrasen am Dünenrand kommen der Warzenbeißer und
die Blauflügelige Ödlandschrecke vor, seltene Heuschrecken-
arten, die im Hamburger Gebiet sonst verschwunden sind. Auch
die weiteren Teile der Boberger Niederung sind biologisch sehr
interessant: Insgesamt 700 Pflanzenarten wurden gezählt, darunter verschiedene Orchideen; Libellen und Schmetterlinge sind ar-
tenreich vertreten; zu den hier brütenden über 50 Vogelarten gehören unter anderem Braunkehlchen, Nachtigall und Bekassine,
alle im Hamburger Raum eher selten.
Das Naturschutz-Informationshaus, ein Holzbau mit begrüntem
Dach, hat schon zu, als wir von dort zu einer Erkundung der
Boberger Niederung aufbrechen. Die Spätnachmittagssonne an
diesem Samstag im Mai hat noch Kraft. Ein paar Schritte bringen
uns zum steinigen Sandweg, der von der Boberger Furt wegführt.

An einem Acker vorbei gelangen wir zu einer Pferdekoppel, wo wir den ansteigenden grasigen Weg nach rechts einschlagen und auf die Düne zugehen. Über uns jagen Rauchschwalben mit melodischem Zwitschern durch die laue Luft. Wir vermuten ihren Brutplatz im Gehöft, das wir hinter der Pferdekoppel am Rand der Bille-Niederung sehen. Vor uns erstreckt sich die wellige Dünenlandschaft. Der nach Westen führende Weg am Dünenrand entlang ist zur Düne hin durch einen niedrigen Absperrzaun begrenzt. Der Sinn ist, das empfindliche Biotop vor Betreten zu schützen, damit nicht etwa die Bauten der Grabwespe und anderer seltener Insekten sowie der Bewuchs zerstört werden. Aus einer großen Birke links am Wegrand grüßt uns eine **Goldammer** mit ihrem weichen, etwas melancholisch klingenden Gesang. Der charakteristisch gelb gefärbte Vogel sitzt ruhig oben im Wipfel und singt vor sich hin. Man hat sein Lied mit den Worten »Wie, wie hab ich dich lieb« umschrieben. Es soll Ludwig van Beethoven zum tragenden Motiv des ersten Satzes seiner 5. Sinfonie inspiriert haben. Goldammern singen nicht überall gleich. In Wien ist von ihnen ein anderer Dialekt zu hören als etwa in Sachsen oder bei uns im Norden.

So gewaltig, wie die Sandmassen der Düne wirken, sind sie doch in Bewegung. Wind weht Sandkörner auf und trägt sie ein Stück fort. So bewegt sich die Düne im Jahr etwa 10 Zentimeter nach Nordosten, weil bei uns Südwest-Winde vorherrschen. Die Birken am Nordrand der Düne »ertrinken« deshalb allmählich im Sand. Um die Wanderung der Düne zu verlangsamen, hat man schon vor mehr als hundert Jahren an manchen Stellen den sonst an der See heimischen Strandhafer angepflanzt, dessen Wurzelwerk den Sand besonders gut festhält. Unser zunächst von lockerer Vegetation, nun zunehmend von dichterem Bewuchs gesäumter Weg führt uns am südlichen Dünenrand entlang. Wir stoßen auf einen schmalen Asphaltweg, halten uns links und biegen nach wenigen Metern nach rechts in einen Feldweg ab. Rechter Hand magerer Sandboden mit Gräsern, Heide und einzelnen jungen Eichen und Birken. Nach links hin haben wir Marschwiesen mit zugewachsenen Abzugsgräben im Blick. Dort herrscht emsiger Flugbetrieb: In der Luft torkeln ein paar Kiebitze, ein Mäusebussard kreist, eine Ringeltaube strebt einem Baum zu. In einiger Entfernung fällt uns ein Vögelchen auf. Es sitzt in aufrechter Haltung auf einem Pfahl der Wieseneinzäunung und lässt ab und zu den kurzen Schwanz wippen. Gelegentlich fliegt es auf, um im Rüttelflug kurz in der Luft zu verharren. Durch das Glas lässt sich erkennen: Der Wartenjäger, der sich hier Insekten im Flug erhascht, ist ein **Braunkehlchen**. Die orangebeige Brust und die weißen Streifen über und unter den dunklen Wangen weisen es als Männchen aus. Das Braunkehlchen ist in offenen Feuchtgebieten zu Hause. Es ist selten geworden, weil viele dieser wertvollen Biotope durch Eingriffe des Menschen verschwinden. Im Jahr 2000 wurden in Hamburg nur noch hundert Brutpaare gezählt.

Weiter am Südrand des Naturschutzgebiets entlang führt uns der teils sandige, teils grasbewachsene Weg an einer Gruppe von Holunder, Weißdorn, jungen Eichen und Birken vorbei. Hier singen Mönchsgrasmücke und Heckenbraunelle. Zweimal gehen wir unter den ausladenden Kronen alter Eichen hindurch. Auf der Marschwiese linker Hand grasen ein paar Rotbunte und Schwarzbunte. Kurz vor dem Haarteich gabelt sich der Weg. Wir halten uns links. Aus dem Schilfröhricht am Teichufer ist das kurze, einfache Lied der Rohrammer zu hören. Der Teich ist nicht zugänglich, und zwar aus gutem Grund: Er ist Lebensraum für seltene Amphibien, darunter die Kreuzkröte. Im unterholzreichen Wäldchen, das wir nun erreichen, empfängt uns ein kleines Vogelkonzert: Ein Rotkehlchen flötet ernst und feierlich, Blaumeisen klingeln, ein Zaunkönig schmettert, und fein und leise mischt sich ein Gartenbaumläufer ein. Andächtig bleiben wir stehen, als plötzlich flötend und schluchzend der Gesang einer **Nachtigall** einsetzt. Von altersher hat die Nachtigall die Menschen ergriffen. Viele Gedichte in vielen Literaturen zeugen davon. Der »Sommer-Gesang« des Barockdichters Paul Gerhardt fällt uns ein: »Die hochbegabte Nachtigall / Ergötzt und füllt mit ihrem Schall / Berg, Hügel, Tal und Felder.« Typischerweise lässt sich der Sänger nicht sehen, sondern bleibt irgendwo im Unterholz verborgen. Eine ganze Weile hören wir seinem anrührenden Gesang zu, bis wir uns endlich davon losreißen.

Der schmale unbefestigte Pfad trifft auf einen asphaltierten Weg, auf dem wir uns links halten. Er führt uns durch ein Gehölz mit Pappeln, Weiden, Ebereschen und Holunder, an einer von Kräutern und Sträuchern durchwucherten Röhrichtzone vorbei und schließlich durch Marschwiesen hindurch. In der Ferne der Turm der Billwerder Kirche. Der Weg knickt nach rechts ab, und wir treffen auf den an dieser Stelle von Erlenbruch gesäumten Badeteich, eine erst um 1960 entstandene Kiesgrube. Auf dem Wasser Stockenten, Blässhühner und ein Haubentaucherpaar. Jetzt geht es nach links am See entlang. Wo der schmale Ausläufer des Badeteichs endet, verzweigt sich der Weg. Von den Marschwiesen zur Linken her »meckert« eine **Bekassine**. Die wollen wir sehen! Um einen besseren Blick zu haben, gehen wir ein kleines Stück in Richtung Kirchsteinbek, wie uns der Wegweiser verrät, und tatsächlich sehen wir sie hoch in der Luft herumkurven. Im ab und zu eingelegten Sturzflug lässt sie das markante Geräusch hören, das ihr den Namen Himmelsziege eingetragen hat. Sie erzeugt es nicht mit ihrem Stimmapparat, sondern durch das Vibrieren der im Sturzflug abgespreizten äußeren Steuerfedern. Es handelt sich also um einen so genannten Instrumentallaut. Der in ziemlich großer Höhe vollführte Ausdrucksflug dient der Reviermarkierung. Nach dem Ende der beeindruckenden Vorstellung kehren wir zum Teich-Rundweg zurück, schauen auf die Uhr und wandern zügig auf dem Walter-Hammer-Wanderweg in Richtung unseres Ausgangspunktes.

Steckbriefe

Goldammer

Kennzeichen: Länge 16 cm; Männchen mit viel Gelb an Kopf und Unterseite. Weibchen weniger gelb.

Stimme: Öfter zu hören ist ein scharfes »tsit«. Der Gesang klingt weich und melancholisch. Er ertönt auch noch im Hochsommer.

Lebensraum: Offene und halb offene Landschaften mit Gebüschen, Hecken und Einzelbäumen. Auch Waldränder und Waldlichtungen.

Sonstiges: Jahresvogel. Die

Goldammer hat manche ihrer ehemaligen Lebensräume aufgegeben. So ist sie aus Teilen der Fischbeker und Neugrabener Heide verschwunden. Ein Grund dürfte im zunehmenden Kiefernbewuchs in diesen halb offenen Landschaften zu suchen sein.

Braunkehlchen

Kennzeichen: Länge 13 cm; das Männchen hat eine orangebeige Brust. Ober- und unterhalb der dunkelbraunen Wangen jeweils ein weißer Streifen. Weibchen insgesamt weniger kontrastreich gefärbt.

Stimme: Der schnell vorgetragene, aus kurzen Strophen bestehende Gesang klingt teils rau, teils melodiös. Er enthält oft Imitationen von Lautäußerungen anderer Vögel wie etwa Fitis oder Goldammer. Braunkehlchen singen manchmal auch nachts.

Lebensraum: Feuchtwiesen mit Gebüschen und Hochstauden; Weiden, Moore.

Sonstiges: Zugvogel. Von April/Mai bis August/September bei uns. Durch anhaltende Lebensraumzerstörung schon sehr selten geworden.

Nachtigall

Kennzeichen: Länge 16 cm; Oberseite braun, Unterseite hell braungrau. Schwanz rostrot.

Stimme: Der unauffällig gefärbte Vogel ist einer unserer besten Sänger. Er singt nachts, aber auch am Tage. Der lautstarke, melodische und abwechslungsreiche Gesang besteht aus relativ kurzen Strophen, die meist von gleich langen Pausen unterbrochen sind. Typisch für die Nachtigall ist ein Crescendo von Flötentönen: »lü lü lü lü li li«.

Lebensraum: Laub- und Mischwälder mit dichtem Unterholz, Parks, Friedhöfe, naturnahe Gärten.

Sonstiges: Zugvogel. Von April bis August/September bei uns.

Die Nachtigall lebt verborgen im Gebüsch und ist deshalb selten zu sehen. Sie macht sich fast nur durch ihren Gesang bemerkbar. Früher lebten auch im Stadtpark und auf dem Ohlsdorfer Friedhof Nachtigallen. Nicht angeleinte Hunde und übertriebene Biotop-Pflegemaßnahmen dürften die am Boden brütenden Vögel vertrieben haben.

Bekassine

Kennzeichen: Länge 27 cm; langer, gerader Schnabel, kurze Beine. Kopf und Rücken schwarz und rotbraun mit gelblichen Längsstreifen.

Stimme: Beim Auffliegen ein heiseres »kätsch«. Ein wohlklingendes »tüke, tüke … « als am Boden und seltener im Flug vorgetragener Gesang. Typisch ist das »Meckern« der Bekassine. Es entsteht beim Revierflug durch Vibrationen der äußersten abgespreizten Schwanzfedern und ist bis zu 500 Meter weit zu hören.

Lebensraum: Feuchtwiesen, Moore und andere Feuchtbiotope mit niedriger, dichter Vegetation.

Sonstiges: Zugvogel. Von März/April bis August/September bei uns. In Hamburg ist die Bekassine seit 1960 aus 50 Prozent der zuvor besiedelten Areale verschwunden. Ein wesentlicher Grund dafür dürfte die Trockenlegung von Feuchtgebieten sein.

Hier vorkommende Brutvögel

Amsel, Bachstelze, Bekassine, Beutelmeise, Blässhuhn, Blaumeise, Braunkehlchen, Buchfink,
Eichelhäher, Elster, Feldlerche, Feldschwirl, Fitis,
Gartenbaumläufer, Gartengrasmücke, Gartenrotschwanz, Gelbspötter, Gimpel, Goldammer,
Grünfink, Grünspecht, Haubentaucher, Haussperling, Heckenbraunelle, Heidelerche, Karmingimpel, Kernbeißer, Kiebitz, Kohlmeise, Kuckuck,
Mäusebussard, Misteldrossel, Mönchsgrasmücke, Nachtigall, Pirol, Rabenkrähe, Rauchschwal-
be, Ringeltaube, Rohrammer, Rohrweihe, Rotkehlchen, Sandregenpfeifer, Schafstelze, Singdrossel, Star, Stockente, Sumpfmeise, Teichhuhn,
Tüpfelsumpfhuhn, Turmfalke, Wachtel, Wachtelkönig, Weidenmeise, Zaunkönig, Zilpzalp.

Tipps

Jedes Jahr im April und Mai veranstaltet der
NABU vogelkundliche Kurzwanderungen in der
Boberger Niederung. Information: Tel. 697 08 90.
Eine gute Gebietskarte hat das Naturschutzamt
der Umweltbehörde Hamburg herausgegeben
(Telefon 34 35 36). Nähere Auskünfte über das
Naturschutzgebiet erhält man im Naturschutz-
Informationshaus der Stiftung Naturschutz Ham-
burg und der Stiftung zum Schutz gefährdeter
Pflanzen (Boberger Furt 50, Telefon 73 93 12 66),
geöffnet mittwochs bis freitags von 9 bis 13 Uhr,
samstags von 12 bis 17 Uhr, an Sonn- und Feierta-
gen von 11 bis 17 Uhr. Das Info-Haus bietet auch
Führungen und weitere naturkundliche Veranstaltungen an.
Badestelle am Nordufer des kleinen Baggersees
im Westen des Naturschutzgebietes. Die anderen
Uferzonen sind geschützt und dürfen nicht betreten werden.
Das Gasthaus »Dorfkrug« auf der anderen Seite
der Bille am Boberger Furtweg 1 bietet Speis und
Trank.
Für 30 Euro kann man in einem Segelflugzeug
mitfliegen und die Boberger Niederung von oben
betrachten. Anmeldung beim Hamburger Aero
Club Boberg, Telefon 79 01 18 50.

Fischbeker Heide

Heidelerche, Heidelibelle, Besen- und Glockenheide – das 773 Hektar große Naturschutzgebiet Fischbeker Heide bietet ihnen und vielen anderen Tier- und Pflanzenarten ein Zuhause. In der hügeligen, von Eiszeiten geprägten Landschaft mit ihren nährstoffarmen Böden wechseln Heide, Moor, Sandflächen, Trockenrasen, Wiesen und kleinere Wälder ab. Die weiten Heideflächen sind Menschenwerk. Die ursprüngliche Bewaldung ging besonders im Mittelalter verloren, als große Mengen Holz für die Salzgewinnung in Lüneburg benötigt wurden. Auf dem Heidesand breitete sich die Licht liebende Besenheide aus. Sie genügte als Weide für die Heidschnucken: Milch-, Fleisch- und Woll-Lieferanten im Rahmen der Heidewirtschaft. Die Schnucken fraßen auch Baumkeimlinge ab,

so dass kein neuer Wald aufkam. In neuerer Zeit ließen Aufforstung und Umwandlung in Ackerland die Heideflächen schwinden. Erst jetzt ist man dabei, verbuschte und verbaumte Bereiche zu entkusseln und von Heidschnucken beweiden zu lassen, um die Kulturlandschaft Heide wiederherzustellen.

Verkehrsanbindung

Die Fischbeker Heide liegt im Südwesten Hamburgs am Rande der Harburger Berge.
S-Bahn (S3, S31) bis Neugraben, von dort mit der Buslinie 250 bis zum Fischbeker Heideweg.
An der Bus-Wendeschleife befindet sich die Einfahrt zu einem Parkplatz. Weitere Parkmöglichkeiten in näherer Umgebung.

Wo die Heidelerche singt

Wenn die Heide blüht und sich in ihrer ganzen Schönheit zeigt, summen dort die Bienen, doch die Sangesfreude der Vogelwelt hat schon nachgelassen. Wer den Gesang der Heidelerche hören möchte, sollte sich im Frühjahr auf den Weg machen. Die weiträumige, von Baumbeständen durchsetzte sandige Hügellandschaft der Fischbeker Heide erfreut dann mit dem jungen Grün ihrer Birken und vielstimmigem Vogelkonzert. Unübersehbare Charakterpflanze ist die anspruchslose Besenheide, die so heißt, weil man sie früher zu Besen gebunden hat. Die Zersetzung der abgestorbenen Pflanzen hat die Bodenbeschaffenheit beeinflusst, denn die dabei entstehenden Huminsäuren entmineralisieren den Oberboden, wo der typische Heidesand bleibt, und lassen in 30 bis 40 Zentimeter Tiefe eine Schicht von festem und wasserundurchlässigem Ortstein entstehen. Der Heidekrautbewuchs sichert Lebensraum für etwa 300 Tierarten, insbesondere Insekten und Spinnen, darunter das seltene Heide-Grünwidderchen, eine Vielzahl verschiedener Laufkäfer und diverse Baldachinspinnen; Reptilien sind durch Bergeidechse, Zauneidechse, Blindschleiche und Kreuzotter vertreten. Die Fischbeker Heide mit ihren rund 40 Brutvogelarten hat überdies eine ornithologische Seltenheit zu bieten: Hier brütet der Ziegenmelker, eine Nachtschwalbenart.

Auf dem Weg zur Endhaltestelle der Buslinie 250 geht es deutlich bergauf. Die Straßenschilder links und rechts der Strecke stimmen schon auf das Ausflugsziel ein: Bergheide, Ringheide, Kiefernheide, um nur drei zu nennen. Wenige Schritte von der Haltestelle steht eine Informationstafel mit einer Karte des Wanderwegenetzes und naturkundlichen Hinweisen. Wir wenden uns nach rechts und nehmen den steinigen, vielfach von Kiefernwurzeln durchzogenen Sandweg, der zunächst dem Rand des Naturschutzgebiets folgt. Es geht auf den Abend zu, und die Wurzeln sind noch nass vom letzten Aprilschauer, so dass man darauf achten muss, nicht darauf auszurutschen. Zum Glück hat es vor einer Weile aufgeklart, und in den Kiefern, Eichen und Birken lässt sich die Vogelwelt hören. Wir erkennen im ersten Moment Kohlmeise, Blaumeise, Amsel, Buchfink, Zaunkönig, Gartenrotschwanz. Ein Zilpzalp gesellt sich dazu und bald darauf auch ein **Fitis**. Wie gut, dass sie so verschieden singen, denn vom Aussehen her wären die beiden grünlich grau gefiederten Laubsänger nur sehr schwer zu unterscheiden. Wo der Zilpzalp nur einfach immer wieder seinen Namen ruft, zeigt der Fitis mit seinem etwas melancholisch anmutenden, sanft geflöteten Liedchen eine ganz andere Musikalität. Die dritte Laubsängerart, der Waldlaubsänger, hat sich bis jetzt noch nicht hören lassen, doch vielleicht meldet er sich ja später noch.

Bald kommen wir an eine große Senke, teils sandig, teils mit Trockenrasen bewachsen. Wir wählen den Weg nach links, der am Rand der Senke bergab führt. Aus der Kiefernwaldung, an der wir entlanggehen, hören wir das unverkennbare »zigürr« der possierlichen Haubenmeise. Nach links führt ein Seitenweg einen Hang hinauf. Regen hat ihn stark ausgewaschen. In der Abflussrinne liegen vereinzelt dunkelbraune, fast schwarze Brocken, die offensichtlich eisenhaltig sind: Ergebnis der hier ablaufenden Zersetzungsprozesse. Oben angelangt, haben wir einen schönen Blick auf die weitläufige hügelige Heidelandschaft. In der knorrig verwachsenen Birke, die hier auf der Höhe Wurzeln geschlagen hat, sind mehrere Schwanzmeisen unermüdlich in Aktion. Um die poetische Heidestimmung vollkommen zu machen, singt hoch oben in der Luft eine **Heidelerche** ihr melancholisches Lied. Es klingt so angenehm, dass diese Sänger früher gern als Stubenvogel gehalten wurden. Der winzige Punkt, den wir nach einigem Suchen am Himmel entdeckt haben, nähert sich langsam wieder dem Boden und wird dabei als Vogel erkennbar. Wo er landet, können wir nicht sehen. Vielleicht begibt er sich zu seinem im Heidekraut versteckten Nest. Für ein Bad im Heidesand, wie diese Art es liebt, ist es jetzt bestimmt zu feucht und zu kühl. Die Sangesfreude der Heidelerchen endet nicht unbedingt mit dem Sonnenuntergang: Sie singen gelegentlich auch nachts. Und wenn andere Vögel im Herbst schon längst nicht mehr singen, lassen sie ihren leisen Herbstgesang hören.

Der Weg führt uns noch ein Stück weiter auf der Hanghöhe entlang. Vom Tal her ruft ein Schwarzspecht, zwei Eichelhäher sind unterwegs. Schräg den Hang hinab stößt der schmale Heideweg auf den Hauptwanderweg Nummer 3, der am Grund des Trockentals parallel zu einem Reitweg und einem weiteren Hauptwanderweg verläuft. Wir halten uns links. Eichen, Ebereschen, Birken begleiten den Weg. Rechts von uns lässt sich ein **Baumpieper** hören: »zia zia zia«. Ganz oben in einer Eiche sitzt er, aber nicht lange, denn schon steigt er zu seinem Singflug auf. Kaum hat er nach einigen Metern stummen Aufwärtsfluges seinen Gesang begonnen, dreht er, breitet die Flügel aus, spreizt die Schwanzfedern und geht in einen Sinkflug über. Er steuert eine andere Baumspitze als Warte an. Kurz vor der Landung beginnt er die Schlussphrase seines Liedes, durch die wir auf ihn aufmerksam wurden. Nach kleiner Pause wiederholt der Vogel seine Vorführung. Gelegentlich verzichtet er auch auf die Luftakrobatik und trillert und schmettert im Sitzen. Wie die Heidelerche ist auch der Baumpieper ein Bodenbrüter. Zwar ist das Nest immer gut versteckt, was aber nichts nützt, wenn es dann doch von freilaufenden Hunden aufgestöbert wird.

Neugierig auf weitere ornithologische Erlebnisse gehen wir weiter. Plötzlich über uns in der Luft ein eigentümliches Schnarren: Eine **Misteldrossel** fliegt auf unserer Talseite hangaufwärts der Bewaldung zu. Wir lassen uns von ihr leiten und biegen nach links in den Wanderweg Nummer 4 ein. Wenig ausgetreten, führt er bergauf zu einer Lichtung mit Bänken. Wir setzen uns und freuen uns am Vogelgezwitscher. Eine Amsel scheint den Ton anzugeben, doch beim Hinhören bemerken wir, dass der Gesang für eine Amsel zu kurz ausfällt. Der Solist ist unsere Misteldrossel. Ursprünglich fast nur in Hochwäldern brütend, haben sich Misteldrosseln besonders ab Mitte des 20. Jahrhunderts zunehmend in halb offenen Landschaften und sogar in den Großstädten angesiedelt. In Hamburg sind sie zum Beispiel auf dem Rasen zwischen den Grindelhochhäusern bei der Nahrungssuche zu beobachten. Für uns wird es langsam Zeit, zum Ausgangspunkt zurückzukehren. Immer geradeaus geht es durch unterholzreichen Wald. Auf dem letzten Stück steht rechter Hand ein Rest Krattwald mit teils bizarr gewachsenen Eichen und Birken. Er geht auf eine längst außer Gebrauch gekommene Form der Waldwirtschaft zurück, bei der die Bäume zwecks Brennholzgewinnung im Abstand von zwanzig bis dreißig Jahren immer wieder dicht über dem Boden abgesägt wurden. Die Stümpfe trieben dann neu aus. Hier im Krattwald singt uns der am Anfang unserer kurzen Wanderung vermisste Waldlaubsänger ein Abschiedslied.

Steckbriefe

Fitis

Kennzeichen: Länge 11 cm; feiner, spitzer Schnabel, dünne Beine; Oberseite olivgrün, Brust schwach gelb, Bauch weißlich, blassgelber Überaugen-

streif.

Stimme: Ein weiches, deutlich zweisilbiges »hü-id«.
Der liebliche, etwas schwermütig klingende Gesang besteht aus einer Folge in der Tonhöhe sanft abfallender Elemente.
Lebensraum: Laub- und Mischwälder, Moore, Gärten
mit Laubbäumen, Parks und Friedhöfe.
Sonstiges: Zugvogel. Von März/April bis September/Oktober bei uns. Nicht so häufig wie die Zwillingsart Zilpzalp.

Heidelerche

Kennzeichen: Länge 15 cm; kleiner als die Feldlerche. Sehr kurzer Schwanz und weiße, am Hinterkopf zusammentreffende Überaugenstreifen.

Stimme: Ruft wohltönend »didlui«. Der Gesang klingt weich und melancholisch. Er ist auch nachts zu hören. Die kurzen, immer wieder neu variierten Strophen bestehen meist aus Reihen gleicher Elemente, wie etwa »lürelürelüre«. Die Tonhöhe nimmt häufig zum Strophenende hin ab. Baumspitzen sind beliebte Singwarten, aber auch Fluggesang kommt vor.
Lebensraum: Heide, Waldränder, Waldlichtungen.
Sonstiges: Ein Teil der Heidelerchen zieht September/Oktober fort und kehrt Februar/März zurück, die Übrigen bleiben hier. Die

Zahl der Heidelerchen hat in der Fischbeker Heide, dem Verbreitungsschwerpunkt auf Hamburger Gebiet, in den letzten Jahren zugenommen. Durch Entfernen von Gehölzen und überalterten Heidepflanzen ist man den Freunden offener, sandiger Böden sehr entgegengekommen.

Baumpieper

Kennzeichen: Länge 15 cm; Oberseite braun mit dunkler Längsstreifung. Gelbliche Brust mit kräftiger Strichelung. Bauch weiß.

Stimme: Der laute, angenehm klingende Gesang endet meist mit einem typischen »zia-zia-zia«. Er wird im Singflug oder von einem Baum als Warte vorgetragen. Oft mittags zu hören. *Lebensraum:* Moore und Heiden mit einzelnen Bäumen, lichte Wälder, Waldränder. *Sonstiges:* Zugvogel. Von April bis September bei uns. Brutvorkommen nur in Hamburger Randbereichen.

Misteldrossel

Kennzeichen: Länge 27 cm; größer als die im Aussehen ähnliche Singdrossel. Graubraune Oberseite, Brust und Bauch weiß mit großen schwarzen Flecken. *Stimme:* Der Flugruf, ein schnarrendes »trrr«, lässt an das mit dem Fingernagel auf einem Kamm erzeugte Geräusch denken. Gesang erinnert an Amselgesang, ist aber kürzer und nicht ganz so melodisch. Das von hoher Warte

aus vorgetragene Lied ist schon ab Februar zu hören.

Lebensraum: Wälder, Parks und große Gärten.

Sonstiges: Jahresvogel. Die Misteldrossel zeigt Tendenzen zur Verstädterung. Sie besiedelt zunehmend innenstadtnahe Bereiche.

Hier vorkommende Brutvögel

Amsel, Baumpieper, Blaumeise, Buchfink, Buntspecht, Eichelhäher, Elster, Fichtenkreuzschnabel, Fitis, Gartenbaumläufer, Gartengrasmücke, Gartenrotschwanz, Gimpel, Grauschnäpper, Grünfink, Haubenmeise, Heckenbraunelle, Heidelerche, Kernbeißer, Kleiber, Kohlmeise, Mäusebussard, Misteldrossel, Mönchsgrasmücke, Rabenkrähe, Ringeltaube, Rotkehlchen, Schwanzmeise, Schwarzspecht, Singdrossel, Star, Tannenmeise, Turteltaube, Waldbaumläufer, Waldlaubsänger, Waldohreule, Wiesenpieper, Zaunkönig, Ziegenmelker, Zilpzalp.

Tipps

Eine gute Gebietskarte hat das Naturschutzamt der Umweltbehörde Hamburg herausgegeben (Telefon 34 35 36). Nähere Auskünfte über die Fischbeker Heide sind im Naturschutz-Informationshaus »Schafstall« der Stiftung Naturschutz Hamburg und der Stiftung zum Schutz gefährdeter Pflanzen zu erhalten (Fischbeker Heideweg 43, Telefon 702 66 18). Es ist von April bis Oktober geöffnet: Dienstag bis Freitag 10 bis 13 Uhr, Samstag 12 bis 17 Uhr und an Sonn- und Feiertagen 11 bis 17 Uhr.

Im Gasthof »Zum Heidekrug« ganz in der Nähe des Informationshauses lässt sich gut einkehren (ganzjährig von 12 bis 21 Uhr geöffnet, Montag Ruhetag).

Aus einem Segelflugzeug kann man die Fischbeker Heide von oben betrachten. Anmeldung zum Mitfliegen beim Segelflug-Club Fischbek, Telefon 701 89 30 (an Wochenenden und Feiertagen).

Elb-
wanderweg

Was wäre das »Tor zur Welt« ohne die Elbe? Der Strom machte die Stadt schon früh zu einem pulsierenden Handelszentrum. Bereits im 17. Jahrhundert siedelten sich von Handel und Wandel gestresste Hamburger und Altonaer Kaufleute westlich von Altona am Elbufer an, um dort auf Landsitzen und in »Lustgärten« Ruhe und Erholung zu finden. Diese Landsitzkultur blühte besonders zwischen 1780 und 1840. Bekannte Namen: der vielseitig interessierte Baron Caspar von Voght, Schöpfer des Jenisch-Parks in Klein Flottbek, Georg Heinrich Sieveking, Besitzer eines von vielen Geistesgrößen besuchten Sommersitzes in Neumühlen, und die im Überseehandel tätigen Godeffroys mit ihren weitläufigen Gartenanlagen in Dockenhuden, auf die auch der Hirschpark zurückgeht. Heutige Erholungssuchende können auf dem Elbwanderweg am Elbufer entlangspazieren. Er verläuft zumeist ufernah und erlaubt Abstecher in die verschiedenen Elbparks. Auf der einen Seite hat man die Elbe mit ihrem Schiffsverkehr im Blick, auf der anderen den grünen Elbhang.

Der Elbwanderweg führt von Neumühlen bis Wedel am Elbufer entlang.
(Hier beschrieben: Strecke zwischen Neumühlen und Teufelsbrück.)
Neumühlen: Bus 112 oder Elbfähre 62.
Teufelsbrück: Buslinien 36, 39 und 286; Elbfähre 62.
Parkplätze in Neumühlen und Teufelsbrück.

Am grünen Saum der Elbe

Ein mit Schlepperhilfe aufgekommener Containerfrachter hat Bewegung ins Elbwasser und die Schiffe im Museumshafen Övelgönne ins Dümpeln gebracht. Dort liegen kleinere Segler und Dampfschiffe, alles ehemalige Arbeitsschiffe, die ihre Aufgaben in unserer Hightech-Zeit längst verloren haben. Die maritime Atmosphäre lässt sich gut im Kaffeegarten überm Wasser genießen. Der dort beginnende Elbwanderweg hat außer der Elbe noch einiges mehr zu bieten. Er führt an Stränden entlang und berührt alte Elbparks. An der Övelgönne reihen sich die malerischen Kapitänshäuser. Wo sich die Bebauung verliert, wird es richtig grün: viel alter Baumbestand, Gebüsch und bei genauerem Hinsehen eine bunt gemischte Fülle von krautigen Gewächsen, darunter verwilderte Gartenpflanzen, wie Gartenveilchen und Gemswurz, sowie Vertreter der Stromtalflora, wie Engelwurz und Elb-Spitzklette. Gelegentlich tuten Schiffe auf der Elbe, ohne dass sich die Vögel in ihrem Gezwitscher stören lassen. Etwas über 40 Brutvogelarten leben im Bereich des Elbwanderwegs. Viele ehemalige Waldvögel, wie Singdrossel, Eichelhäher und Waldkauz, gehören dazu. Möwen, Kormorane und andere Wasser- und Küstenvögel zeigen sich im Vorbeifliegen, brüten aber an Plätzen mit weniger Publikumsverkehr. Der Elbwanderweg ist unter Landschaftsschutz gestellt, nicht zuletzt wegen seiner Bedeutung als Naherholungsgebiet.

Auf dem Oberdeck der Elbfähre 62 weht uns der Wind um die Nase und riecht aprilfrisch nach Elbe. An den Landungsbrücken sind wir eingestiegen, wo ein paar Frühaufsteher sich daran freuten, wie sich die Möwen hochgeworfene Brötchenbrocken gekonnt in der Luft erhaschen. Vorbeifliegende und auf dem Wasser schwimmende Möwen sehen wir auch von der Fähre aus. Die Lachmöwen mit ihrem dunklen Kopf sind leicht zu erkennen, doch bei anderen wissen wir nicht Bescheid. Möwen zu bestimmen ist Expertensache, denn die Färbung ihres Federkleides hängt sowohl von ihrem Lebensalter als auch von der Jahreszeit ab. Am Anleger Neumühlen endet für uns die Schiffsreise. Passenderweise liegt im Museumshafen der kleine Ewer MOEWE vertäut, und auf seinem Bugspriet rastet eine **Silbermöwe** und sieht den Stockenten zu, die zwischen den Schiffen herumschwimmen. Der stattliche Vogel mit den blaugrauen Flügeln, den fleischfarbenen Beinen und dem roten Fleck unten am gelben Schnabel ist vielleicht von der Hohen Schaar in Wilhelmsburg herübergekommen. Dort brüten neben zahlreichen Silbermöwen auch Sturmmöwen, Heringsmöwen und Schwarzkopfmöwen. Der rote Fleck am Unterschnabel der Silbermöwe hat eine zentrale Bedeutung bei der Jungenaufzucht: Die bettelnden Jungvögel picken dagegen und veranlassen damit den Altvogel, anverdaute Nahrung für sie auszuwürgen. Unsere Möwe fliegt mit jauchzendem »aau aau« ab. Auf der Verbindungsbrücke zum Land haben wir Steigung zu überwinden, denn es ist Niedrigwasser.

An diesem Sonntagmorgen hat der Spaziergängerstrom noch nicht eingesetzt, und so können wir ungestört an der malerischen Häuserzeile der Övelgönne entlangschlendern. Am Athabaskakai am anderen Elbufer liegt ein wuchtiger Containerfrachter und bekommt neue Ladung. In den zum Strand hin abfallenden Gärtchen flötet eine Amsel, auf dem Gitter eines Jägerzauns schmettert, am ganzen Körper vibrierend, ein Zaunkönig sein weithin hörbares Liedchen, in einer Birke turnen zwei Kohlmeisen. Wo die Himmelsleiter die Övelgönne kreuzt, geht es links ein paar Stufen zur beliebten »Strandperle« hinunter, rechts zur Elbchaussee mit den luxuriösen Villen hinauf. Die Övelgönne geht in das Hans-Leip-Ufer über. Rechts zieht sich jetzt Schröders Elbpark hoch. Bänke oberhalb eines Rasenstücks laden uns zur Rast ein. Am Bubendey-Ufer auf der anderen Elbseite ist durch eine lichte Baumreihe hindurch ein ausgedehntes Tanklager zu sehen. Seitlich von uns und gar nicht weit weg singt stimmungsvoll ein **Rot-kehlchen**. Es sitzt auf einem Ahornzweig und zeigt sich von seiner besten Seite: In warmem Rot leuchtet seine Brust in der Morgensonne. Der Anblick des hübschen Vögelchens rührt uns an. Sein großer, rundlich wirkender Kopf mit den beeindruckenden dunklen Augen entspricht dem »Kindchenschema«. Die dadurch ausgelöste instinktive Regung weckt den Wunsch, diesen liebenswürdigen Vogel in die Hand zu nehmen und sich um ihn zu kümmern. Das Rotkehlchen trägt noch zusätzlich dazu bei, wenn es sich hüpfend Spaziergängern oder umgrabenden Gärtnern nähert, als wären ihm diese sympathisch. Tatsächlich hofft der Vogel auf Leckerbissen in umgewühltem Laub oder frisch aufgegrabener Erde.

Am Strand liegt ein riesiger Findling. Eine Bachstelze nutzt ihn als Aussichtspunkt. Der Wippsteert ist hier am Elbufer in einem ihm gemäßen Biotop, doch was hat der erratische Block hier zu suchen? Ein Informationsschild klärt auf: Der 217 Tonnen schwere Granitklotz wurde vor rund 400.000 Jahren von den Gletschern der Elstereiszeit aus Småland hierher transportiert. 1999 entdeckte man ihn beim Ausbaggern der Elbe, gab ihm am Strand einen neuen Platz und taufte ihn »Alter Schwede«. Wir wandern weiter. Von der anderen Elbseite her zeigt uns der Uhrturm des Lotsenhauses die Zeit. Auf unserem Ufer fällt uns eine alte Weide auf. Im Erdreich wurzelnd, ist einer ihrer Stämme zum Strand hin gebogen und scheint sich im Sand abstützen zu wollen, ideal für kleine Klettermaxen. Ein Geraschel am Hang lässt uns innehalten. Eine nicht alltägliche Beobachtung wird uns beschert: Im Bodenlaub und dichtem Efeubewuchs trudelt ein wild bewegtes kleines Federknäuel auf uns zu. Als es kaum mehr als einen Meter entfernt ist, erkennen wir zwei **Zaunkönige** in einem heftigen Nahkampf. Mit Krallen und Schnäbeln traktieren sie sich so ingrimmig, dass sie anscheinend gar nicht mehr auf ihre Umgebung achten. Schließlich bemerken sie uns wohl doch und brechen ihren Kampf ab, um Deckung suchend abzuschwirren. Die winzigen Kämpfer haben sich anscheinend einen Revierkampf geliefert. Das liegt in diesem Gelände mit großen alten Laubbäumen und ausgedehnten Gebüschen auch nahe, denn oft sind hier drei oder mehr Zaunkönige gleichzeitig zu hören. Es sind also viele, die ein Stück dieses idealen Zaunkönig-Biotops für sich beanspruchen.

Weiter am Hans-Leip-Ufer. Auf der Elbe sind schon einige Sport-
segler unterwegs, und ein Motorboot prescht vorbei. Von Finken-
werder her steuert die Fähre 64 Teufelsbrück an. Nicht weit
von uns ragt dunkel ein stählernes großes Seezeichen aus dem
Wasser. Es zeigt zwei auf die Spitze gestellte Dreiecke übereinan-
der. Vier Kormorane nutzen die Konstruktion als Rastplatz, einer
hat seine Flügel zum Trocknen gespreitet. Elbabwärts fliegen
zwei **Austernfischer**, kenntlich an der in Schwarz gefassten weißen Flügelbinde, dem entenartigen Flug und ihrem laut gerufe-
nen »kliip«. Als wir in Teufelsbrück ankommen, treffen wir einen
der beiden wieder. Er sitzt oben auf dem wimpelartigen Metall-
schild mit dem aufgemalten Teufel, das auf der kleinen Landzun-
ge aufgestellt ist. Deutlich ist jetzt sein langer und kräftiger roter
Schnabel zu sehen. Damit kann er Muscheln durch Stochern im
Schlick aufspüren, wobei ihm spezielle Sinneszellen zustatten
kommen. Mit der harten Schnabelspitze vermag er die Beute
geschickt zu öffnen. Die Bezeichnung Austernfischer ist allerdings irreführend, denn Austernschalen sind ihm zu dick. Es
müssen auch nicht immer Muscheln sein: Hamburger Austernfischer suchen sich auch gerne Regenwürmer. Noch vor hundert
Jahren hielt man sich in den Seestädten gelegentlich Austernfischer, damit sie im Garten Schnecken und Insekten kurz halten.
Die Vögel brüten normalerweise in offenem, wenig oder gar nicht
bewachsenem Gelände, in Hamburg sogar manchmal auf kiesbedeckten Flachdächern. Unser Austernfischer fliegt jetzt land-
einwärts ab. Vielleicht hat er ja sein Nest irgendwo auf dem Elbe-
Einkaufszentrum.

Steckbriefe

Silbermöwe

Kennzeichen: Länge 56 cm; Rücken und Flügel der ausgewachsenen Großmöwe helles Blaugrau, schwarzweiße Flügelspitzen; Beine fleischfarben, Schnabel gelb mit orangerotem Fleck vor der Spitze des Unterschnabels.

Stimme: Rufe sehr vielseitig: wiederholtes durchdringendes »kiou«, miauend »aau, aau, kjau«, bellend »kau« oder klares »gagaga«.

Lebensraum: Meeresküsten, Flussmündungen, Binnenland.
Sonstiges: Jahresvogel. Eine größere Brutkolonie befindet sich auf der Hohen Schaar im Hamburger Hafen.

Rotkehlchen

Kennzeichen: Länge 14 cm; Gesicht, Kehle und Brust orangerot; Oberseite olivbraun, helle Unterseite.

Stimme: Ein scharfes »zick«, das bei Erregung schnell wiederholt wird (das »Schnickern«). Perlender, wehmütig und feierlich klingender Gesang. Beginn mit feinen, hohen Tönen, dann klare Flötentöne und Triller. Häufiger Wechsel in Tempo und Tonhöhe. Bei Rotkehlchen singen nicht nur – wie bei den meisten Vogelarten üblich – die Männchen, sondern auch die Weibchen. Der Gesang ist fast das ganze Jahr über zu hören.

Lebensraum: Feuchte, unterholzreiche Laub- und Mischwälder, naturnahe Parks und Gärten.

Sonstiges: Teilzieher. Ein kleiner Teil der Rotkehlchen-Population zieht September/Oktober fort und kehrt März/April zurück, die Übrigen bleiben hier. In Hamburg nimmt der Bestand kontinuierlich zu.

Zaunkönig

Kennzeichen: Länge 9,5 cm; sehr klein; kurzer, zumeist aufgestellter Schwanz. Das bräunliche Gefieder ist dicht gebändert.
Stimme: Ein lautes, hartes »zick-zick-zick«. Bei starker Erregung

ein schnurrendes »zerr«. Der schmetternde Gesang ist bis zu 500 Meter weit hörbar. In den relativ langen Strophen folgen Triller verschiedener Länge und Lautstärke aufeinander. Der Zaunkönig singt fast das ganze Jahr.
Lebensraum: Unterholzreiche Laub- und Mischwälder, naturnahe Parks und Gärten.

Sonstiges: Jahresvogel. In Hamburg hat der Bestand in den letzten Jahrzehnten um das Vier- bis Fünffache zugenommen.

Austernfischer

Kennzeichen: Länge 43 cm; großer, auffallend schwarz-weiß gefärbter Watvogel; langer roter Schnabel, rote Beine.
Stimme: Warnruf ein schrilles »kliip, kliip«. Der im Fluge vorgetragene Gesang besteht aus wiederholtem lauten und wohlklingenden »tülie«.

Lebensraum: Meeresküsten, Fluss- und Seeufer, Feuchtwiesen.
Sonstiges: Teilzieher. Ein Teil der Austernfischer zieht September/Oktober fort und kehrt März/April zurück, die Übrigen bleiben hier. Nördlich der Elbe lebende Hamburger Austernfischer brüten gele-

gentlich auf kiesbedeckten Flachdächern (Osdorf, Groß Flottbek, Ottensen) – ein Anzeichen zunehmender Verstädterung.

Hier vorkommende Brutvögel

Amsel, Bachstelze, Baumfalke, Blässhuhn, Blaumeise, Buchfink, Buntspecht, Eichelhäher, Elster, Fitis, Gartenbaumläufer, Gartengrasmücke, Gartenrotschwanz, Gimpel, Grauschnäpper, Grünfink, Grünspecht, Hausrotschwanz, Haussperling, Heckenbraunelle, Kernbeißer, Klappergrasmücke, Kleiber, Kohlmeise, Mäusebussard, Misteldrossel, Mönchsgrasmücke, Rabenkrähe, Ringeltaube, Rotkehlchen, Schwanzmeise, Singdrossel, Sperber, Stadttaube, Star, Stockente, Tannenmeise, Teichhuhn, Trauerschnäpper, Turmfalke, Waldkauz, Wintergoldhähnchen, Zaunkönig, Zilpzalp.

Tipps

Von Juli bis September lassen sich von Elbschiffen aus gut Zwergmöwen sowie Fluss-, Küsten-, Trauer- und Zwergseeschwalben beobachten. Beispielsweise bietet die HADAG Seetouristik und Fährdienst AG (Telefon 311 70 70) Schiffsfahrten nach Lühe (Altes Land) an. Hinfahrt ab Landungsbrücken am Sonnabend, Sonntag und an Feiertagen 10.30 Uhr und 14.30 Uhr. Rückfahrt ab Lühe am Sonnabend, Sonntag und an Feiertagen 12.15 Uhr und 17.00 Uhr.

Vögel sind die auffälligsten Vertreter der Hamburger Tierwelt: Kreischend fangen Möwen hochgeworfene Brotbrocken aus der Luft, Mauersegler jagen mit schrillen Sriih-Sriih-Rufen über den Dächern nach Insekten, Amseln flöten ihre Serenaden von Fernsehantennen oder Straßenbäumen, Buntspechte trommeln im Park um die Wette. Im Frühling ist am meisten los. Dann gesellen sich zu den Standvögeln noch die aus ihren Winterquartieren zurückgekehrten Zugvögel. Neben dem Aussehen spielt jetzt der Gesang eine wichtige Rolle beim Erkennen der einzelnen Arten. In den Morgen- und Abendstunden ist das Vogelkonzert immer besonders vielfältig. An windigen Tagen und bei Dauerregen verstummen die meisten Vögel. Häufig vorkommende Arten wie Amsel und Kohlmeise sind fast überall zu sehen und zu hören. Um Seltenheiten wie Kranich oder Braunkehlchen zu begegnen, muss man die entsprechenden Lebensräume aufsuchen.

Am besten lernt man seine gefiederten Nachbarn unter Anleitung eines erfahrenen Ornithologen kennen. Deshalb sollte man – mit einem guten Fernglas, einem handlichen Bestimmungsbuch und einem Notizheft ausgestattet – an vogelkundlichen Kurzwanderungen teilnehmen, wie sie der NABU im Frühjahr in verschiedenen Gebieten der Stadt unter dem Motto »Was singt denn da?« durchführt. Das Programm wird durch Plakate auf U- und S-Bahn-Stationen bekannt gemacht und ist im Internet einzusehen (www.nabu-hamburg.de). Der Leiter einer Vogelstimmen-Exkursion könnte den Teilnehmern seinen Höreindruck in einem Park etwa mit folgenden Worten vermitteln: »Hier läutet eine Kohlmeise, rechts daneben tixt eine Amsel; weiter weg ein Buchfink mit dem Regenruf und ein Zaunkönig.« Bei einer so differenzierten Wahrnehmung mag sich mancher zweifelnd fragen: »Kann ich das auch lernen?« Das geht natürlich nicht von heute auf morgen. Wer folgende Regeln beherzigt, kommt allerdings schneller zum Ziel.

1. Kleine Lernschritte

Für den Anfänger ist es sinnvoll, den gefiederten Städtern bereits im zeitigen Frühjahr sein Ohr zu leihen, denn dann sind erst wenige Arten, wie etwa Amsel oder Kohlmeise, zu hören, und er kann sich voll auf deren Laute und Gesänge konzentrieren. Später, im April und Mai, wenn die meisten Zugvögel aus ihren südlichen

Winterquartieren zurückgekehrt sind, fällt es schwer, sich im Konzert der unterschiedlichsten Vogelstimmen zurechtzufinden. Zum Sicheinhören wähle man einen vom Verkehrslärm möglichst unbehelligten Lebensraum, wie beispielsweise einen Garten oder einen Park, und höre den dort singenden Vogelarten wiederholt und intensiv zu. Da die Bäume zu Beginn des Jahres noch nicht belaubt sind, ist auch eine Bestimmung nach sichtbaren Merkmalen wie etwa der Größe des Vogels, seiner Gefiederfärbung oder seinem Verhalten leichter möglich.

Je mehr »Lernkanäle« genutzt werden, desto rascher stellt sich ein Lernerfolg ein. Es ist also besser, wenn zum akustischen Kanal noch der optische hinzukommt. Sollte jemand erst später im Jahr auf die Idee kommen, mit Vogelstimmen vertraut werden zu wollen, so ist während der Brutperiode die Mittagszeit günstig, weil dann relativ wenige Vögel singen. Das Ende der Fortpflanzungszeit ist ebenfalls geeignet, wenn viele Vogelarten ihren Gesang bereits wieder eingestellt haben. Doch selbst im Winter können sich Gelegenheiten zum Lernen ergeben, wenn etwa ein Rotkehlchen singt oder ein Zaunkönig ruft.

2. Wiederholung

Die Wiederholung als wichtiges Lernprinzip ist gerade beim Einprägen von Vogelstimmen zu empfehlen. Häufiges und intensives Zuhören ermöglicht es mit der Zeit, sich auch einen akustisch kompliziert aufgebauten Gesang, wie etwa eine Buchfinkenstrophe, so einzuprägen, dass man künftig auch Strophen anderer Buchfinken erkennen kann. Obwohl jedes Buchfinkenmännchen zwei bis sechs verschiedene Strophen beherrscht und obwohl von den Buchfinken sogar unterschiedliche regionale Dialekte bekannt sind, kann man die Sänger dennoch alle an ihren arttypischen Gesangsmerkmalen wie Strophenaufbau, Klangfarbe, Tonhöhe und Gesangstempo als Angehörige der Art Buchfink erkennen.

3. Sprachliche Lernhilfen

Es ist für viele sehr hilfreich, wenn sie den akustischen Eindruck des Gesangs lautmalerisch umschreiben. Einige Vogelnamen bringen derartige Umschreibungen bereits mit: Krähe, Zilpzalp, Fink. In anderen Fällen gibt es traditionelle Eselsbrücken in Form von Merksprüchen. Für den kurzen Gesang der Kohlmeise haben sich Merkverse wie »Zizibe-zizibe, die Sonn' vertreibt den letzten

Schnee« oder auch »Cityfein! Cityfein!« eingebürgert. Unterschiedliche Buchfinkenschläge können etwa folgendermaßen umschrieben werden: »Ich, ich, ich schreib' an die Regierung.« Oder: »Fritz, Fritz, Fritz will wieder Zwetschgen stehl'n.« Oder: »Hast du denn mein Gretchen nicht geseh'n?« Die Gesänge der Buchfinken unterscheiden sich häufig in ihrem letzten Element, dem Endschnörkel. Auch hierfür haben passionierte Buchfinken-Liebhaber sprachliche Umschreibungen gefunden: »Schätzchen-Weidau« oder »Putzebart«. Sind keine Merksprüche bekannt, kann man sich ja selbst etwas einfallen lassen. Im Übrigen ist es sinnvoll, Eigenheiten des Gesangs, wie Strophendauer, Tonhöhenverlauf und Ähnliches, mit sprachlichen Beschreibungen, mit Noten, Kurvenverläufen oder einer anderen geeigneten Notation festzuhalten.

4. Akustische Hilfsmittel

Ein reichhaltiges Angebot an CDs und MCs mit Vogelstimmen-Aufnahmen ermöglicht es, die im Garten, im Park oder in einer ruhigen Seitenstraße gewonnenen Eindrücke zu Hause weiter zu vertiefen. Allein durch Abhören von Tonträgern lässt sich allerdings das Erkennen von Vogelstimmen nicht so gut trainieren. So laut, deutlich und vollständig wie auf diesen Tonaufnahmen sind nämlich die Vögel in ihren Biotopen selten zu hören. Dort singen viele durcheinander, oft sind die Gesänge weiter entfernt, oder der Vogel bricht seinen Gesang vorzeitig ab. Erlebt man die Vögel aber direkt, wird bewusst oder unbewusst die Umweltsituation, in der sie singen, beim Lernen der Stimmen mitverarbeitet. Das steigert den Lernerfolg. Wer ein batteriebetriebenes Abspielgerät besitzt, kann die »Klangkonserven« an Ort und Stelle mit den Gesängen freilebender Vögel vergleichen. Besitzer eines Recorders könnten überdies ihnen unbekannte Vogelstimmen aufnehmen, sie anschließend zu Hause mit den Gesängen auf einer CD oder MC vergleichen und auf diese Weise den betreffenden Vogel identifizieren.

Wer regelmäßig an vogelkundlichen Wanderungen teilnimmt, wird vielleicht eines Tages seinen Vogelstimmen-Experten freundlich darauf hinweisen können, dass er bei der Aufzählung der Vogelstimmen im Stadtpark zwar das Läuten der Kohlmeise erwähnt hat, aber leider das ganz leise Klingeln der Blaumeise im Hintergrund vergaß.

(Aus Thomas Schmidt: Gefiederte Nachbarn. Vögel in Stadt und Garten. Steinfurt: Tecklenborg Verlag 2001)

Brutvögel in Hamburg nach Anzahl der Brutreviere

Amsel	70000	Fasan	1300
Kohlmeise	36000	Feldlerche	1300
Blaumeise	31000	Misteldrossel	1200
Haussperling	29000	Teichrohrsänger	1200
Zaunkönig	18000	Goldammer	1100
Grünfink	17700	Gelbspötter	820
Ringeltaube	17300	Girlitz	780
Zilpzalp	16400	Stieglitz	750
Buchfink	14500	Schwanzmeise	730
Heckenbraunelle	13500	Sumpfmeise	730
Star	13000	Bluthänfling	710
Rotkehlchen	12000	Kiebitz	650
Mönchsgrasmücke	11150	Teichhuhn	630
Stadttaube	10600	Baumpieper	620
Elster	7500	Blässhuhn	620
Feldsperling	5500	Sommergoldhähnchen	570
Mauersegler	5400	Waldlaubsänger	490
Singdrossel	5000	Kernbeißer	470
Fitis	4600	Wiesenpieper	470
Rabenkrähe	4400	Haubenmeise	460
Gimpel	4100	Trauerschnäpper	450
Eichelhäher	3200	Dohle	440
Bachstelze	3000	Saatkrähe	429
Stockente	2800	Feldschwirl	400
Buntspecht	2700	Schafstelze	380
Mehlschwalbe	2500	Mäusebussard	360
Hausrotschwanz	2350	Nachtigall	350
Gartenbaumläufer	2250	Kuckuck	330
Dorngrasmücke	2100	Reiherente	300
Gartengrasmücke	2100	Waldbaumläufer	300
Klappergrasmücke	2100	Weidenmeise	250
Sumpfrohrsänger	2100	Wacholderdrossel	225
Rauchschwalbe	2000	Birkenzeisig	190
Tannenmeise	1900	Bekassine	180
Kleiber	1700	Neuntöter	160
Sturmmöwe	1600	Kormoran	150
Türkentaube	1500	Turmfalke	150
Gartenrotschwanz	1450	Graugans	144
Grauschnäpper	1450	Wachtelkönig	140
Rohrammer	1400	Brandgans	135
Wintergoldhähnchen	1400	Haubentaucher	130

Silbermöwe	127	Rohrweihe	19
Grünspecht	120	Krickente	18
Kleinspecht	120	Zwergtaucher	18
Waldkauz	110	Baumfalke	17
Austernfischer	108	Säbelschnäbler	17
Braunkehlchen	100	Heringsmöwe	14
Höckerschwan	100	Kolkrabe	13
Hohltaube	95	Weißstorch	13
Schilfrohrsänger	85	Wespenbussard	10
Rebhuhn	80	Mandarinente	9
Waldohreule	80	Sprosser	8
Beutelmeise	75	Rohrschwirl	8
Steinschmätzer	70	Kranich	7
Graureiher	62	Schwarzkopfmöwe	7
Sperber	60	Haubenlerche	6
Wachtel	60	Trauerseeschwalbe	6
Habicht	52	Zwergschnäpper	6
Eisvogel	50	Tüpfelsumpfhuhn	5
Uferschwalbe	50	Tafelente	4
Flussregenpfeifer	45	Zwergseeschwalbe	4
Löffelente	45	Drosselrohrsänger	3
Pirol	45	Erlenzeisig	3
Rotschenkel	45	Schellente	3
Schwarzkehlchen	40	Singschwan	3
Kanadagans	40	Steinkauz	3
Mittelspecht	35	Bartmeise	2
Schlagschwirl	35	Halsbandsittich	2
Sandregenpfeifer	30	Karmingimpel	2
Wasserralle	30	Rothalstaucher	2
Waldschnepfe	30	Uhu	2
Blaukehlchen	26	Flussuferläufer	1
Schleiereule	26	Großer Brachvogel	1
Knäkente	25	Nilgans	1
Schwarzspecht	25	Rohrdommel	1
Gebirgsstelze	22	Rotmilan	1
Schnatterente	22	Seeadler	1
Uferschnepfe	20	Turteltaube	1
Fichtenkreuzschnabel	20	Wendehals	1
Heidelerche	20	Ziegenmelker	1

Quelle: Alexander Mitschke, Sven Baumung: Brutvogel-Atlas Hamburg. Hamburg: Arbeitskreis an der staatlichen Vogelschutzwarte Hamburg 2001 (Hamburger avifaunistische Beiträge, Band 31)

Adressen

Arbeitskreis an der Staatlichen Vogelschutzwarte Hamburg, Billstraße 84, 20539 Hamburg. Telefon 428 45 22 26 (von Montag bis Mittwoch). Internet-Adresse: www.ornithologie-hamburg.de. Der Arbeitskreis ist ein Zusammenschluss zahlreicher Vogelkundler. Seine Mitglieder treffen sich einmal im Monat. Interessierte sind jederzeit willkommen.

Informationszentrum für Umwelt und Entsorgung, Hermannstraße 14, 20095 Hamburg, Telefon 34 35 36. Öffnungszeiten: Montag bis Freitag von 10 bis 18 Uhr (gute Gebietskarten einiger Hamburger Naturschutzgebiete).

Naturschutzbund Deutschland NABU, Landesverband Hamburg e.V., Landesgeschäftsstelle Habichtstraße 125, 22307 Hamburg, Telefon 697 08 90; Internet-Adresse: www.nabu-hamburg.de. Öffnungszeiten: Dienstag bis Donnerstag von 9.30 bis 13 Uhr und von 13.30 bis 17 Uhr, Freitag von 9.30 bis 13 Uhr und von 13.30 bis 15.30 Uhr (Shop mit umfangreichem Informationsmaterial auch über unsere gefiederten Nachbarn).

Hinweis

Der Autor dieses Buches bietet vogelkundliche Wanderungen in Hamburg und Umgebung sowie naturkundliche Vorträge an: Thomas Schmidt, Neumünstersche Straße 5, 20251 Hamburg, Telefon 46 27 74, Fax 480 35 22, E-Mail schmidt@ts-naturfoto.de, Homepage: www.ts-naturfoto.de.

Bestimmungsbücher

Jürgen Nicolai, Detlef Singer, Konrad Wothe: GU Naturführer Vögel. Die wichtigsten Vogelarten Europas erkennen und bestimmen. Gräfe und Unzer, München 1998

Lars Svensson, Peter J. Grant, Killian Mullarney, Dan Zetterström: Der neue Kosmos Vogelführer. Alle Arten Europas, Nordafrikas und Vorderasiens. Kosmos, Stuttgart 1999

Weitere Literatur

Einhard Bezzel: Vögel beobachten. Praktische Tips, Vogelschutz, Nisthilfen. BLV, München 1996

Stefan Garthe (Hrsg.): Die Vogelwelt von Hamburg und Umgebung, Bd.3. Wachholtz, Neumünster 1996

Angelika Hillmer, Hans Raczinski: Natur erleben. Ausflüge zu Hamburgs grünen Schatzinseln, Abendblatt Touren 14. Axel Springer Verlag, Hamburg 1998

Claus Holzapfel, Ommo Hüppop, Ronald Mulsow (Hrsg.): Die Vogelwelt von Hamburg und Umgebung, Bd.1 und 2. Wachholtz, Neumünster 1984

Alexander Mitschke, Sven Baumung: Brutvogel-Atlas Hamburg. Arbeitskreis an der staatlichen Vogelschutzwarte Hamburg 2001 (Hamburger avifaunistische Beiträge, Band 31)

Thomas Schmidt: Gefiederte Nachbarn. Vögel in Stadt und Garten. Edition Rasch & Röhring im Tecklenborg Verlag, Steinfurt 2001

Tonträger

Jean C. Roché, Detlef Singer: Die Vögel Mitteleuropas und ihre Stimmen. 2 CDs und Bestimmungsbuch. Kosmos, Stuttgart 1998

Andreas Schulze: Vogelstimmen-Trainer. CD und Begleitbuch. BLV, München 2000

Hinweise auf ausführlichere Darstellung in Text und Steckbrief sind fett hervorgehoben.